MEDI – ZYNISCHE

ASPEKTE

von B. Chales - de Beaulieu

RiWei
Verlag -GmbH

1. Auflage Juli 2006

Gesamtherstellung: RiWei-Verlag GmbH
Druck: RiWei-Verlags Druckerei

Postfach 20 04 54
93063 Regensburg
Tel. 0941 / 799 45 70
Fax. 0941 / 799 45 72
eMail: info@riwei-verlag.de

IBSN 3-89758-303-8

MEDI – ZYNISCHE

ASPEKTE

von B. Chales - de Beaulieu

Inhaltsverzeichnis

Exposé

Auf ungewöhnliche Weise geht der Autor an medizinische Probleme heran. Sowohl als Praktiker, als auch als Esoteriker gehen seine Überlegungen weite Wege, die trotzdem einem Spaziergang gleichen.
Denn nicht die Theorie der Krankheiten ist sein Anliegen. Lediglich umsetzbare Anstöße zur Bewältigung von Ursachen und Wirkung stehen für ihn im Vordergrund.
Die Lösungen die in dieser Abhandlung angeboten werden sind klar, bestechend und für jedermann verständlich und umsetzbar.
Der Leser wird zu seinem Freund.

Der Inhalt gliedert sich in folgende Probleme:

1. DIE DREI SÄULEN DES LEBENS Jeder kennt diese Säulen, doch wer beachtet sie noch?
2. DAS ARME HERZ Es zeigt dem Leser, wo eigentlich die großen Ursachen für fast alle Herzkrankheiten zu finden sind.
3. WAS BEDEUTET DIR DIE ATMUNG Wer denkt darüber nach, dass über die Atmung etwas Besonderes zu sagen ist.
4. AIDS, WAS IST DAS ÜBERHAUPT? Das große Geschäft mit der Angst? Wieso spricht man auch von HIV.
5. DIE CHOLESTERINHYSTERIE Ein viel besprochenes Thema, dass sich eine bittere Kritik gefallen lassen muss.
6. DAS GROSSE UND EINZIGE PINKELBREVIER Dies ist ein meist von der Weiblichkeit heiß umstrittenes Problem. Auch hier spricht der Praktiker Klartext und bietet vorzügliche Lösungen an, die beiden Geschlechtern gerecht werden.
7. GRIPPALE INFEKTE Ein fast alltägliches Geschehen, das man schon einfach so hinnimmt, ohne darüber nachzudenken, dass auch hier Ursachen dahinter stecken.
8. WAS IST BLOß LOS MIT DEM RAUCHEN? Chales – de Beaulieu trifft natürlich den Raucher unerbittlich in seinem sozialen Verhalten. Wie einfach mag das Beenden einer Raucherperiode sein.

Der Autor steht in seinem fünfundachtzigsten Lebensjahr und ist seit sechsundvierzig Jahren als aktiver Heilpraktiker tätig.
Schon in seiner Jugendzeit hatte er eindrucksvolle esoterische Erlebnisse, die ihn selbst während der Kriegszeit begleiteten. Jedoch traten sie durch

seine Verwundung und dem Verlust seines linken Beines stark in den Vordergrund.
Dieses Ereignis war der Anfang einer Neuorientierung in seinem Leben. Bewusst lernte er seinen Körper zu verlassen, ein Umstand, der ihn lehrte, alles im Leben mit anderen Augen zu betrachten.
Diese kurzen Abhandlungen über immer wieder auftauchende Patientenfragen und deren Probleme sind auch auf diese Weise entstanden.
Nach seiner Verwundung studierte der Autor Chemie, Physik und Mathematik. Als Gasthörer interessierte er sich einige Jahre nebenher auch für Medizin, konnte aber nicht so richtig Geschmack an deren Methoden finden.
Mit dem Kriegsende und der Währungsreform entfielen für ihn alle Mittel zum Weiterstudium und so wandte er sich dem Beruf des Heilpraktikers zu, wie er sagt: „Ganz zu meinem Glück."
Im esoterischen Milieu haben seine Bücher starke Beachtung gefunden, ganz besonders die zwei Grundlagenwerke, *Ein Wanderer zwischen zwei Welten* und *Der vergessene Schritt.* Aber auch *Meine Gartengeister*, *Biorhythmik auf kabbalistischer Basis*, *Kabbala, Zukunft in Raum und Zeit, Tiere diesseits, Tiere jenseits*, sowie *Wunder Wirbelsäule* haben starke Beachtung gefunden.

Wo findet man die Ursachen?

> Unsere Antworten von heute sind leider all zu oft die Irrtümer von morgen.
>
> Max Planck

Schon als Kind war ich all zu oft unerträglich für meine Umgebung, weil ich unentwegt alles in Frage stellte und Antworten erwartete, die mich all zu oft nicht befriedigen konnten.
Diese Neugier ist mir geblieben und das hat dazu geführt, dass ich begann, mir diese Fragen selbst zu stellen.
Ich muss zugeben, dass ich mich damit häufig genug selbst in Schwierigkeiten gebracht habe.
Immerhin hat das während meines Studiums dazu geführt, dass Fakten, die als sicher dargestellt wurden, von mir in Zweifel gezogen worden sind.

Meine Lehrer quittierte das zumeist mit Unverständnis. So ist das auch heute noch.
Ich bin mir wohl bewusst, dass ich Antworten gefunden habe, die sehr oft weit von der hoch spezifischen Wissenschaft abweicht. Dazu wäre aber auch zu sagen, dass nicht die Lösung zu finden sein kann, wenn man sein Augenmerk ausschließlich auf ein Spezificum richtet.
Nehmen wir ein Beispiel aus dem Alltag: Du fährst Auto. Was verstehst du unter dem Vergaser. „Hm, ja der muss wohl da sein; weil, wenn ich Gas gebe, mein Auto schneller fährt. Ist diese Vereinfachung etwa falsch?"
Eine Vereinfachung muss im Detail nicht ganz richtig sein, aber im Endeffekt ist die Natur auf das Einfache ausgerichtet, muss ich zum Autofahren unbedingt die Funktion des Vergasers verstehen?
Mittels dieser dem Wissenschaftler unbequemen Eigenschaft der Vereinfachung sind dann schließlich die nun folgenden Niederschriften entstanden.
Es sind Gedanken, die aus den Problemen der Praxis heraus entstanden sind und hautnahe aus denjenigen der Patienten gelöst werden mussten.
Wen wird es wundern, wenn viele der Betroffenen mich gebeten haben, die für sie positiven Erfahrungen schwarz auf weiß niederzulegen.
Zur therapeutischen Lösung der anstehenden Krankheiten und Leiden, die nicht in mein Schema von Gesundwerdung und Gesunderhaltung passen wollten, habe ich in der Regel zu Selbstversuchen gegriffen. Es war mir voll bewusst, dass dies keineswegs immer ungefährlich war, aber die Maxime, die mir auch heute noch meinen Weg weist, lautet: Alles muss eine Ursache haben und wenn Ursache und Wirkung nicht zusammenpassen, kann die Logik irgendwo nicht stimmig sein.
In der Medizin existieren in dieser Beziehung all zu viele Unstimmigkeiten.
Es kann doch nicht sein, dass zum Beispiel eine Krankheit wie AIDS zum größten Teil in Menschengruppen Ausbreitung erfährt, die am Rande der Gesellschaft existieren.
Es ist auch unvorstellbar, dass Herzen aus dem Nichts erkranken; und es kann doch nicht stimmen, dass trotz einer normalen Ernährung unser Cholesterinspiegel in Himmelhöhen klettert. Da wird die Butter verantwortlich gemacht, obgleich in Omas Zeiten Butter doch schon zur normalen Ernährung gehörte. Wieso steigt also ein Cholesterinspiegel abrupt an?
Wozu atmen wir eigentlich? Wozu müssen wir trinken, und warum braucht der Mensch Wasser und nicht nur Fruchtsaft oder Tee?

Wir gehen spazieren, und warum muss dann ein Work-Out sein? Warum sind wir keine Vierfüßler mehr, oder sollen wir uns wieder dazu entwickeln?
Siehst du, lieber Leser, lauter Fragen, die Dir keiner so recht beantworten mag, wobei leider sehr oft nicht die Gesundheit sondern die Industrie ihre Finger im Spiel hat. Sicher gibt es derer noch viel mehr, aber ich fürchte, wenn ich mich erschöpfend auslassen wollte, würde mein Verleger streiken.
Also dann viel Spaß beim Schmökern wünscht euch;
der Autor.

Die drei Säulen des Lebens

und

Deiner Gesundheit

Worüber du hier liest

Die Einleitung klärt die Grundfunktionen der drei Säulen der Gesundheit: Fakten, derer sich die Leserschaft in der Regel gar nicht bewusst ist.
Systematisch führt der Autor uns dann durch die drei Bereiche: Atmung, Wasser und Nahrungsaufnahme. Es ist erstaunlich, was es darüber alles zu berichten gibt.
Zum Schluss folgt eine abschließende Zusammenfassung mit therapeutischen Hinweisen, sowie und eine globale Einbettung des gesamten Komplexes aus kosmischer Sicht.

Was du vorweg wissen solltest

Patienten und Schüler haben mich bewogen, diese kleine Abhandlung zu verfassen.
Ich werde versuchen, ihren Wünschen gerecht zu werden und dem Leser ein Bild der unverzichtbaren Lebensnotwendigkeiten zu machen, das Gesundheit und Glück zu versprechen mag. Ich werde mich jedoch an die nackten Fakten des Titels halten; jedenfalls als Gerippe meiner Darstellungen. Man möge mir verzeihen, wenn ich des Öfteren Bezug auf esoterische Gegebenheiten nehme, deren Hintergrund oft erst Verständnis für diesseitige Geschehnisse wiederzuspiegeln vermag. Man möge mir desgleichen verzeihen, wenn sich dabei gewohnte, religiöse Vorstellungen zu verzerren scheinen. Das ist kein böser Wille, und ich werde nach Möglichkeit dafür keine Erklärung schuldig bleiben.
Im Vorhinein empfehle ich Ihnen deshalb, nichts vom bisher Gelesenen für unglaubwürdig zu erklären. Alles kann sein, alles kann nicht sein!
Wenn man bedenkt, wie unterschiedlich ein und der selbe Verkehrsunfall geschildert werden kann, so ist es nicht gleichgültig, die Schilderungen durch die Medien, die aufgeschrieben wurden von Frau Schulze, Herrn Professor X oder Mauermann Müller, zu hinterfragen.
Da ich ungetauft und frei von allen religiösen Vorurteilen aufwachsen durfte, wurde es mir möglich, die andere Seite des Lebens, ohne emotionale Schönfärberei und Machtaspekte, zu durchstreifen. Die Erfahrungen waren für mich überraschend und für dich vielleicht schockierend.

Mit einiger Mühe musste ich selbst erst begreifen lernen, dass unser Begriff von Moral und Wohlverhalten nicht nur außergewöhnlich wandelbar ist: Sie ist sehr häufig erdacht, um unzulässige Machtstrukturen zu etablieren.
Dein Verständnis dafür wird vielleicht wachsen, wenn ich dir vor Augen führe, wie sehr- schon auf unsere irdischen Lebensebene - diese Begriffe unter den verschiedenen sozialen Bevölkerungsschichten unterschiedlich sind, die sich wieder von denen anderer Völkern und deren Religionen, Politik, Bankinteressen und Wirtschaftszwängen unterscheiden.
Oder stimmen Sie etwa nicht mit mir überein, wenn ich behaupte, dass Sie etwas hässlich finden könnten, wovon möglicherweise jemand anderes hell auf begeistert ist.
Kleidung, Haartracht, Naturbetrachtung und allgemeines Schönheitsempfinden unterliegen nicht nur dem zeitlichen Wandel, sondern auch persönlichem Lebensanspruch.
Ich finde z.B. Spinnen, Fliegen, Taranteln, Schlangen und Frösche in Form und Farbe beeindruckend und schön. Vielleicht schüttelst du dich vor Ekel vor solchem Getier!
Würdest du morgen das Zeitliche segnen und hättest die Möglichkeit vom Jenseits aus über eine besondere Arte der Medienübertragung über das Jenseits zu berichten, würdest all diesem Viehzeug nichts zu erzählen finden. Wahrscheinlich würdest du sogar behaupten, dass diese Tiere gar nicht in den Himmel kommen. Vielleicht würdest du auch berichten, dass Menschen mit gestylten Haaren böse seien, weil du auch diese dort nicht vorgefunden hättest.
Wie hättest du auch eine andere Erfahrung machen können. Es war dir ja nicht bewusst, dass sich jenseits mit großer Geschwindigkeit Schwingung zu Schwingung ordnet. Somit kann deine Wahrnehmung nur einen Kleinstsektor im jenseitigen Geschehen ausmachen.
Ich kann dich beruhigen: Natürlich kommen auch unsere Tiere alle in den Himmel und wenn es uns angelegen ist, sie wieder zu treffen, werden wir ihnen als hoch intelligenten Wesenheiten begegnen.
Ich hoffe dir bewusst gemacht zu haben, dass jenseitige Intentionen keineswegs falsch oder richtig sein müssen.
Bitte stelle dieses auch bei mir in Rechnung, wenn ich meine dortigen Induktionen auf unsere Gesundheit übertrage. Natürlich habe ich versucht durch vielerlei Absicherungen und durch meinem Lehrer St. Michael, die Rückschlüsse für diesseitige Zustände zu realisieren; aber kann ich zu hundert Prozent sicher sein?

Atmung

Die Atmung ist das wichtigste Elixier unseres Lebens und besteht von der ersten Sekunde an, ehe du in der Lage bist, deine neue Lebensebene mit lautem Gebrüll zu begrüßen.
Entschuldige, lieber Leser, dass ich dich die ganze Zeit schon mit DU tituliert habe. Ich möchte das ganz bewusst in dieser Abhandlung tun, weil ich der Meinung bin, dass dieses Gespräch zwischen uns, tief ins Persönliche hineinreichen wird.
Also, dein erster Schrei ist keineswegs deine erste Lebensäußerung und zwischen ihm und deinem Letzten Atemzug machst du keine längere Pause als maximal zwei Minuten.
Dursten kannst du acht Tage, die man allerdings nur mehr schlecht als recht überlebt. Hungern kannst du sogar acht Wochen, ohne Schaden zu nehmen.
Ich hoffe, dass dir klar wird, wie wichtig uns die Atmung sein sollte. Ist dir das wirklich bewusst?
„Ja, natürlich, wirst du mir antworten: „Ich habe sogar das Rauchen aufgegeben!"
Sehr lobenswert, aber spricht das schon für ein Atembewusstsein?
Wenn ich mich so in der Runde meiner Patienten umschaue, muss ich immer wieder mit Erschrecken feststellen, dass sie nicht richtig atmen können. Meistens hängt der Atem ganz oben unter dem Brustbein und allenfalls heben sich die Rippen noch ein wenig.
Zwar habe ich, genau wie du, in der Schule gelernt, dass die Zwischenrippen-Muskulatur die Atemmuskulatur sei. Wenn dem wirklich so wäre, müssten wir kümmerlich in der Welt umherschleichen. Da müssen wir uns fragen, was ist denn eigentlich der Atem.
Der Ausdruck Atem ist ein ganz schlechtes Synonym dafür. Es entspricht unserer technischen, stressigen Zeit. Unsere Ahnen sprachen von Odem. Das ist sehr viel mehr als Atem. Denn dieser Ausdruck bezeichnet nicht nur: Luft rein und wieder raus; oder anders ausgedrückt, Sauerstoffanlieferung bzw. Abgabe von verbrauchter Luft.
Mit dem Odem ist etwas sehr wichtiges verbunden, nämlich: Energie und Lichtaufnahme. Das Sonnenlicht, was uns leben lässt, ist eine Energie kosmischen und göttlichen Ursprungs, die nicht nur durch die Lungen aufgenommen wird, sondern gesteuert durch den Odem, auch durch die gesamte Körperoberfläche, wenn... Ja, wenn dieses WENN nicht wäre.

Wenn wir alle richtig atmen würden, dass heißt, wenn wir uns der eigentlich normalen Dreiphasigkeit des Odem bewusst wären. Ja, wer hat denn heute noch Zeit für die Atempause?
Sie ist nämlich nicht nur der Schlüssel zum Kontakt zu dem was uns leben lässt, sondern gleichzeitig die wichtigste Grundlage unserer Gesundheit.
Versuche haben gezeigt, dass, auf längere Sicht gesehen, uns lichtloses Leben nicht überlebensfähig sein lässt.
Und was ist mit der Atempause?
Je länger diese natürliche Hingebung wird, umso mehr kosmische Informationen werden uns aus dem Weltall frei Haus geliefert. Mein alter Lehrer sprach von der Atempause als Telefondraht zum lieben Gott, und von der Pause der Seligkeit.
Sie verbindet uns mit dem unverzichtbaren göttlichen Lichtbrummen.
„So'n Blödsinn!" denke ruhig laut. Ich höre es ja nicht.
Wenn du dir die Mühe machen würdest, einmal deinem Odem zu lauschen, dann würdest du mir sicherlich bestätigen, dass du in der Atempause merken kannst, wie sich dir etwas angeschmiegt hat, ein Etwas, welches mit der Einatmung in dich warm hinein zu strömen scheint. Wenn du noch genauer in dich hinein hörst, wirst du feststellen, wie diese Strömung sinusartige Wellenformation hat, die mit der Ausatmung deinen Körper wieder verlässt.
Die Bibel spricht hierüber nicht umsonst vom „Wasser des Lebens".
Du bist überrascht? Ich sehe es dir an. Denk doch einmal an dein an dein Handy. Wenn es keinen Empfang gibt, hörst du eine ganz ähnliche, nur etwas gröbere Rauschwelle. Und was machst du, wenn du mit jemandem telefonierst? Du prägst deine Sprache, die ja nur Ausdruck für das, was du gedacht hast, ist, auf diese Trägerwelle auf und dein Telefonpartner hört deine Worte und Gedanken, moduliert sie und transportiert sie, so dass er dich hören kann.
So also ist auch das mit den kosmischen Wellen, die dich durchfluten. Und was du denkst, wird deinem Körper ebenso auf diese Weise mitgeteilt. Alles ist Schwingung, und auch du bestehst aus einer Unzahl verschiedenster Amplituden. Wir schwimmen mit unserer Mutter Erde im Kosmos herum und sind ihre Kinder. Das wirst du spätestens dann erfahren, wenn du im Tode deinen Körper wieder verlassen hast.
Weißt du, dass wir Menschen zu etwa fünfundsiebzig Prozent aus Wasser bestehen? Manche sogar zu achtzig Prozent und andere nur zu kargen siebzig Prozent. Immerhin bist auch du wie eine Qualle auf Stelzen. Dieses Wasser ist gleichfalls ein großes Wunder.

Wir sprechen vom nassen Element, dabei ist Wasser etwas ganz anderes als ein Element. Es ist u.a. Transportmittel für Sonnenlicht, eine Form der Schwingung ohne die in unserem Stoffwechsel und Energiehaushalt nichts geschehen kann.
Alle Eigenschaften des Wassers entsprechen in keinem Punkt den Eigenschaften eines physikalischen Elementes. Aber davon später.
Nur zunächst soviel: Wasser ist ein hoch intelligentes Lebewesen, mit dem wir mittels unserer Gedanken, Verbindung aufnehmen können. Denke ich lauter negatives Zeugs, programmiere ich mein Körperwasser negativ und werde krank; denke ich dagegen positiv, ist ein positives Echo, nämlich Gesundheit zu erwarten.
Denke ich intensiv an einen befreundeten Menschen, kann er oft sogar sagen, was ich gedacht habe.
Dein Odem ist folglich der Schlüssel zur Umsetzung von kosmischer Energie zu deinem Körperwasser und zu deiner Gesundheit. Das ist aber noch lange nicht alles.
Wie ich dir eingangs schon gesagt habe, beginnt der Odem vor dem ersten Schrei zu fließen. Das hat seinen Grund darin, dass ohne Odem kein Kreislauf entstehen kann.
Stelle dir das einmal praktisch vor: Das Zwerchfell wölbt sich als große Kuppel, und teilt, als größter Muskel des Körpers, quer unter den Rippenbögen oben effektiv von unten. Diese Kuppel ist es, die den Lauf unseres Lebens ganz entscheidend bestimmt. Diese Wölbung muss nämlich mit dem Odem nach unten geatmet werden, weil dadurch zwei dicke Blutgefäße regelrecht ausgemolken werden, die den ganzen unteren Teil des Körpers mit Blut versorgen. Diese beiden Gefäße, die Aorta und die Vena cava, haben einen Durchmesser, wie wenn du Daumen und Zeigefinger zum Kreis zusammenhältst. Beide sind im Zwerchfell festgewachsen und sind über dem Zwerchfell deine Hanspanne lang. Wenn dein Odem in Ordnung wäre, müsstest du das Zwerchfell so weit absenken können, wie deine Speckfalte unter dem Brustbein breit ist. Das sind circa zwei Drittel der Länge dieser beiden hoch elastischen Blutgefäße, die durch diese große Dehnung ihren Querschnitt um so viel verringern, wie wenn du die beiden Endglieder von Zeigefinger und Daumen wegdenkst.
Kannst du dir vorstellen, was für eine große Blutmenge dabei transportiert wird?

Das ist unsere große Blutpumpe. Das Herz hat in diesem Kreislauf nur die Aufgabe, als Verkehrspolizist dafür zu sorgen, dass immer nur so viel in eine bestimmte Richtung zu fließen hat, wie notwendig ist.
Bedenke ferner, dass unter dem Zwerchfell einige Tafelschwämme von der Größe eines Drosselnestes liegen die Leber. Die Bauchspeicheldrüse, die Milz und das Dünndarmgekröse sind von der Größe eines Fußballfeldes.
Hast du schon einmal einen Tafelschwamm ausgewrungen, na und was kommt außer Wasser dabei noch alles heraus? Na, Kreide und Dreck natürlich.
Was ist das für ein Kuchenteigkneten? Was ist das für eine Freisetzung von Flüssigkeiten und damit eine Entgiftung der Organe ersten Ranges!
Das kleine Kind hat meistens noch den Vorzug, frei atmen zu dürfen. Seine Kleidung ist glücklicherweise in der Regel noch nicht all zu modebewusst.
Schulkinder und alle folgenden Altersstufen unterliegen bereits unphysiologischen Modediktaten. Sie drangsalieren dieses grandiose Steinzeitmodell des Odems durch zu enge Kleidung, die Oben von Unten einfach durch Gürtel und Hosenbünde abschnürt.
Bitte registriere einmal, wenn du abends im Bett liegst, wie sich dein Bauch durch den Odem hebt und senkt; natürlich nur, wenn du keinen Pyjama trägst. Wenn du dann einen Unterarm ganz locker auf die Gürtellinie legst, wirst du erleben, dass die Bauchatmung sofort verschwunden ist.
Das heißt doch, dass der leiseste Druck auf die Gürtellinie die notwendige auf und ab Bewegung des Zwerchfelles verhindert.
Die Devise für einen ordnungsgemäßen Odem heißt folglich: Weg mit den hüftengen Kleidungsstücken. Ein Rockbund bzw. ein Hosenbund hat so weit zu sein, dass er von den Hüften gleitet, wenn sie nicht durch Hosenträger oder Rockträger getragen werden.
Ich gebe zu, dass dieses beim Mann weniger ein Problem ist als bei Mädchen und Frauen, die ja doch ganz gern auch hübsch aussehen möchten. Andererseits habe ich da schon ganz nette Ideen gesehen, wie z.B. kürzlich von einer jungen Frau, die sich aus gelber Seide eine Latzhose geschneidert hatte mit einem roten Herzchen als Latz. Das sah schnieke aus.
Ihr Modezaren, macht euch gefälligst Gedanken. Macht die Menschen gesund und nicht krank!
Das gilt, nebenher gesagt, auch für das Schuhzeug. Müssen denn die Schuhe Rutschbahnen in die ohnehin viel zu spitzen, vorderen Oberleder sein, so dass die Groß- und Kleinzehen nach innen abknicken und damit nicht nur die Balance gefährden, sondern auch die Gesundheit der hier befindlichen

Reflexzonen für Galle und Bauchspeicheldrüse? Ein weiterer, wichtiger Aspekt des Odem ist die Haltung der Wirbelsäule.
Bitte beachte einmal auf der Strasse, wie schlecht sich alte Leute halten und wie miserabel die Atmung dieser Menschen ist.
Aus dieser Beobachtung heraus habe ich schon bucklige Menschen wieder gerade bekommen, weil ich ihnen bewusst gemacht habe, dass man den Atem als Instrument benutzen kann, um den Rücken zu straffen. Und bedenke doch einmal, dass alle Nervenstränge, die von der Wirbelsäule kommen, unsere Organe mit Nervenströmen versorgen. Kein Organ wird verschont, wenn die Atmung den Odem nicht ordnungsgemäß zulässt, und die Aufnahme von der dringend erforderlichen vierten Lebensenergie unterbleibt.
Zur Demonstration erzähle ich dir dazu aus meiner Erfahrung eine kleine Geschichte.
Als ich seiner Zeit als Soldat in den großen Krieg gezogen bin, wechselte ich aus meinen Lederhosen mit Ledernen Hosenträgern in Gürtelbundhosen, wie sie im Kommiss heute noch üblich sind. Darüber trugen wir die Uniformjacke und zusätzlich das Koppel, an dem allerlei, wie Seitengewehr, Pistolentasche, Patronentaschen, Handgranaten und Brotbeutel mit Feldflasche herumbammelte.
Natürlich habe ich das alles brav mit mir herumgeschleppt. Nach dem Frankreichfeldzug bin ich dann zu meinem Freund, einem Oberstabsarzt, gegangen und habe ihn gebeten, mich zu untersuchen. Meine Beschwerden habe ich ihm erzählt: Magenschmerzen, Sodbrennen, Übelkeit, Wadenkrämpfe, Rückenschmerzen und Kopfschmerzen. Eine Beschwerde hatte die andere gejagt und es nahm gar kein Ende. „Ach", meinte mein Freund, „du hast bloß Angst gehabt. Das macht solche Beschwerden." Weil ich Angst gehabt hatte, glaubte ich ihm. Ich war allerdings verwundert, dass diese Beschwerden danach nicht verschwanden. Es folgten der Griechenland Feldzug, der in die Tschechei, Polen und schließlich Russland.
Als ich dort mein linkes Bein dem Vaterland geopfert hatte, steckte man mich in einen Krankenanzug, in den ich zwei mal hinein gepasst hätte, waren, trotz der schweren Verwundung, alle diese Beschwerden unversehens verschwunden.
Wieso solches geschehen konnte, habe ich damals noch gar nicht begriffen. Heute ist mir klar geworden, dass die Befreiung meines Atems mich wieder hat gesunden lassen.

Nach meiner Entlassung aus dem Lazarett, wollte ich meinen ersten Anzug schneidern lassen. Natürlich hüfteng und ich höre heute noch den alten Schneidermeister unverständlich vor sich hinmurmeln. Ich bekam also die erste Hose mit den Worten." Die zweite können Sie sich in vierzehn Tagen abholen und der Rock ist dann auch fertig."

Na, wunderbar, noch am selben Tag zog ich das Prachtstück an. Schon nach wenigen Tagen bekam ich Wadenkrämpfe, Sodbrennen, Übelkeit, Kopfschmerzen und Rückenschmerzen.

Warum ich das meinem alten Schneidermeister erzählt habe, weiß ich nicht mehr. Jedenfalls sagte er zu mir: "Ja, junger Mann, das habe ich mir schon gedacht." Und dann hat er mir alles das über die Atmung erzählt, was ich dir hier aufgeschrieben habe.

Ich bin sicher, dass ich mich mit Hilfe von Tabletten an diesen ‚atemlosen Zustand' gewöhnt hätte. Sage doch selbst, fändest du das gut?

Mit dem Odem hängt noch etwas ganz Wesentliches zusammen, nämlich das, was ich denke! Es handelt sich dabei ja ohne Frage um Wellennatur, um Schwingungen. Und diese Schwingungen gehen in alle Richtungen, wie bei einer Wasserwelle, die durch einen Stein entstanden ist, den ich in meinen Teich geworfen habe. Irgendwo trifft diese Welle auf ein Ufer und, im Falle meiner Gedanken, auf einen oder sogar viele Empfänger.

Was denke ich denn da alles? Was empfängt meine Umgebung alles bloß? Und alles das geschieht in meinem Unterbewusstsein und auch in dem der Personen, die davon getroffen werden.

Ist das gut oder schlecht und bin ich mir dessen immer bewusst? Wo treffe ich meine Empfänger denn? Wie können die das, was ich gedacht habe, speichern. Wie können die damit umgehen? Und was senden die mir zurück?

Was können meine Gedanken alles anrichten? Und was bewirkt deren Rücksendung bei mir?

Zumindest treffen meine Gedanken auf Wasser. Immer wieder Wasser. Hast du jetzt noch Mut, negativ zu denken?

Weiter ist bei der Erörterung des Odem zu bedenken, dass er in der Lage ist, unseren Körper zu formen.

Ich habe das oben schon angedeutet. Mit dem Atem als Instrument kann man Knochen zur Ausheilung bringen. Man kann Bandscheiben und abgeschrägte Wirbelkörper wieder in ihre ursprüngliche Form zurückverwandeln, wenn die Wirbelkrankheit nicht gerade schon im Methusalemalter vorliegt. Das kannst du in meinem Büchlein *Wunder Wirbelsäule* nachlesen.

Atmung ist Bewegung und Bewegung verstärkt die Atmung. Beide sind aufeinander angewiesen. Jeder weiß, wie gut er sich nach Sport fühlt. Die Bewegung hat die Atmung gefordert und beschleunigt, die ihrerseits mehr an Energie frei gesetzt hat. Kommst du auch noch so müde aus deinen Büro auf den Sportplatz, ist die Müdigkeit im Hand umdrehen verschwunden.

Wasser

Wasser ist ständig in Bewegung. Wie ich schon gesagt habe, ist Wasser der größte Teil unseres Daseins. Ähnlich unserer Mutter Erde. besteht dein Körper aus siebzig bis achtzig Prozent Wasser.
Du bist also eine Qualle auf Beinen. Dieses Wasser will nicht nur fließen, es ist auch ein hoch intelligentes Lebewesen, das nicht von dieser Erde stammt. Schon 1932 hat Prof. Hörbiger mit seinen Forschungen bewiesen, dass die Erde ihren Wasservorrat zweimal jährlich durch Eisschauer aus dem Weltraum ergänzt. Dieses Wasser ist folglich durch die Allumfassende, höchste Intelligenz der Weltraumschwingung, einem Elixier, das uns vermutlich überhaupt erst befähigt, zu leben, aufgeladen.
Wie uns der Japaner, Prof. Masuru Emoto gezeigt hat, erweist sich dass Wasser so wissend, dass es jede Sprache und jede Schrift zu verstehen, in der Lage ist.
Er hat zum Beispiel verschiedene Flaschen mit gleichem Wasser, mit Zetteln beklebt, auf denen in den verschiedenen Sprachen Dummkopf gestanden ist. Dieses Wasser hat er versucht, durch Kälte zu Kristallen gefrieren zu lassen. Es hat sich geweigert, Kristalle zu bilden. Stattdessen gerann das Wasser zu krebsähnlichen Strukturen.
Bei einem weiteren Versuch kristallisierte das Wasser, das Aufschriften wie „ich liebe dich" trug, zu den schönsten Kristallformen. Tausende solcher Versuche haben ergeben, dass man sogar in der Lage ist, mit Hilfe solcher Kristallographie, Diagnosen zu erstellen. Ähnlich bösartige Kristallstrukturen ergaben sich aus Wasser, das neben Handys, Fernsehern, Computern und Ultraschallwellengeräten gestanden hat.
Da stellt man sich die Frage, was denn eigentlich Wasser ist. Dass es kein Element ist, habe ich dir eingangs schon gesagt. Seine Eigenschaften sind absonderlich und völlig anders, als wir das von irdischen Elementen nach physikalischen Kriterien gewöhnt sind.

Der Siedepunkt müsste zum Beispiel danach bei minus 146 Grad Celsius liegen. Es verdampft aber erst bei hundert Grad.
Wenn Wasser gefriert, also vom flüssigen in den festen Zustand übergeht, dehnt es sich aus, statt sein Volumen zu verringern, wie man das erwarten müsste.
Bei einer Wassertemperatur von siebenunddreißig Grad Celsius, unserer Körpertemperatur, hat das Wasser seine niedrigste spezifische Ausdehnung. Bei dieser Temperatur ist die größte Energie notwendig, um die Temperatur zu verändern. Dieses anormale Verhalten des Wassers hat eine zentrale Bedeutung für das Leben auf der Erde, weil erst dadurch die Existenz aller Lebewesen ermöglicht wird.
„Wenn sich Wasser auch nur um einen Punkt im Sine normaler physikalischer Gesetze anders verhalten würde, wäre Leben auf der Erde nicht denkbar“ (*Dr. med. Barbara Hendel / Peter Ferreira*).
Und wie gehen wir Menschen mit diesem Himmelsgeschenk um! Verdreckt und verseucht kommt es in der Wasserleitung zu uns. Von der Industrie wird es missbraucht und zum Spülen von Unrat und Stoffwechselabfällen verschwendet. In den Haushalten verschwindet es in den Abflüssen. Du trinkst aus der Wasserleitung Antibiotika und Hormontabletten, Gülle und Gifte aus Friedhöfen und Landwirtschaft. Was ist da zu tun?
Zwei wesentliche Aspekte sind da zu bedenken: Zum einen ist es möglich, dank moderner Technik, aus dem extrem verdreckten Wasser ein sauberes Wasser herzustellen. Umkehrosmose ist das Stichwort.
Die Umkehrosmose lädt einen normalen Kohlefeinfilter magnetisch mit ‚minus' auf. Der Dreck im Wasser auch ‚minus' geladen ist. Da ‚minus' und ‚minus' sich jedoch abstoßen, weicht der im Wasser schwimmende Dreck am Magnetfeld zur Seite aus. Ein aus der Leitung hergeleiteter Spülstoß transportiert somit diesen in die Abwasserleitung.
Ein sauberes Wasser müsste den elektrischen Widerstandswert von hunderttausend Ohm ausweisen.
Mit der Umkehrosmose kommt man diesem Wert bis auf 0,8 Ohm nahe.
Wasser aus deinem Wasserhahn schafft maximal zwei bis drei Ohm. Die Euronorm nach Prof. Vincent fordert 2 400 Ohm als Mindestwert.
Fast alle Mineralwässer erfüllen diese Forderung nicht. Sie liegen in der Regel bei 280 bis 350 Ohm.
In ganz Europa gibt es nur noch vier Wässer, die diese Forderung weniger als mehr erfüllen.

Volvic liegt so etwa bei 12 000 Ohm, Spa bei 14 000 Ohm, Haderheck bei 24 000 Ohm und Mont Roucou aus Frankreich 54 000 Ohm. Letzteres wäre als gerade ausreichend zu betrachten.
Du bekommst es nur im Reformhaus. Warum das so wichtig ist, fragst du. Na ja, weist du, Wasser ist die einzige Müllabfuhr für den Organismus. Wenn die „Müllcontainer", wie bei Volvic oder Spa schon zu fünfundneunzig Prozent voll sind, können sie nicht genügend Müll zuladen und abtransportieren.
Mont Roucou kann wenigstens nahe zu fünfzig Prozent aus deinem Stoffwechsel abtransportieren.
Das mag gerade ausreichen. In jedem Falle ist die Umkehrosmose ein guter Rettungsanker.
Gewiss ist eine Umkehrosmosemaschine teuer. Das ist aber gut angelegtes Geld und eine Investition für die Zukunft, denn in den nächsten dreißig Jahren kann das Wasser nur schlechter werden, selbst wenn es eine Regierung gäbe, die den Eintrag von Giften heute zu hundert Prozent verbieten könnte.
Wenn du klug bist, schaffst du dir also eine Umkehrosmosemaschine an. Doch denke nicht, dass du nun aus dem Schneider bist.
Das bist du noch lange nicht. Das Wasser ist zwar sauber, aber es ist über unendlich lange Leitungen gelaufen und hat dabei seine ganze Energie eingebüßt.
Totes Wasser, - nein das ist nicht ganz richtig, es ist nur wie tot. Ganz leicht kannst du es jedoch wieder zum Leben erwecken. Doch lass dir nur kein teures Gerät zur Energetisierung aufschwatzen. Stelle Daumen und Zeigefinger der linken Hand zur Lotusgeste zusammen. Man bildet zu diesem Zweck aus diesen beiden Fingern einen Kreis. Mit den Spitzen von Daumen und Zeigefinger zielst du jetzt im Abstand von etwa einer Handbreite auf dein Wasserglas. Ein vorher über das Wasser gehaltener Pendel, der zunächst keinen Ausschlag gezeigt hat, fängt nunmehr an, immer stärker links herum zu kreisen. Das bedeutet, dass du es wieder mit notwendiger ‚Minus-Energie' aufgeladen hast. Mit der rechten Hand würdest du das Wasser mit ‚Plus-Energie' anreichern. ‚Plus-Energie' benötigst du immer dann, wenn du abgeschlagen bist. ‚Minus' ist der große Heilfaktor, wenn du z.B. Fieber hast.
Es geht aber auch noch anders. Man braucht vor dem Verzehr nur einen Halbedelstein außen an das Wasserglas zu legen, der genau das gleiche bewirkt wie deine Lotusgeste.

Wenn du dir also dein Wassergerät angeschafft hast, genügt es, eine Hand voll Halbedelsteine in einem Gazebeutelchen außen an den Wasserspeicher zu hängen. Aus deinem Edelwasserhahn zapfst du fortan für alle Zukunft sauberes und aufgeladenes Wasser.
Noch etwas ist zu bedenken: Dein Wassergerät liefert dir eine einwandfreie Müllabfuhr. Als Folge atmet dein Stoffwechsel auf und sagt: „Na endlich kann ich Sondermüll entsorgen."
Sicher erinnerst du dich daran, welchen Aufwand du getrieben hast, die Sondermüllabfuhr zu bewältigen. Das ist auch im Stoffwechsel so. Du wirst plötzlich einen Mordsschnupfen, Durchfall, Schulterschmerzen oder alles Mögliche sonst bekommen. Deine Gelenke spielen für einige Wochen verrückt, oder du bekommst aus deiner Kehle keinen Ton mehr heraus. Man nennt das Erstverschlimmerungen. Du darfst dem Schicksal Dankeschön sagen, denn es zeigt dir, was passiert wäre, wenn nicht dieser Schritt vollzogen worden wäre!
Wie viel du trinken solltest?
Die gute, alte Kneippsche Regel besagt: Trinke so viel an Kubikzentimetern, als du an Zentimetern groß bist. Beträgt deine Größe hundertfünfzig Zentimeter, wären das eineinhalb Liter, bei einem Meter fünfundsiebzig sind es ein eindreiviertel Liter Wasser.
Und nun begreifst du auch, warum ich zwischen Wasser und Getränken unterscheide.
Ein Getränk ist Zulieferungsprinzip, während Wasser Müllabfuhr bedeutet. Dein Gemüsemann ist schließlich auch keine Müllabfuhr.
Der zweite Aspekt ist, dass wir eigentlich dafür sorgen müssten, dass im Haushalt keine Filter mehr notwendig wären und dass die zentrale Wasserversorgung die entsprechende Reinigung vornehmen sollte. Das ist aber leider noch lange nicht so. Es fehlt dazu wohl auch an Geldmitteln.
Da hat jetzt ein japanischer Landwirtschaftsprofessor eine grandiose Idee gehabt.
Er hat sich gesagt, wenn die Bauern ihre Ländereien an Kleinstlebewesen ausgepowert haben, das nichts mehr so richtig ohne Gift ausreichende Erträge bringt, dann müsste man statt dessen das Land wieder durch die dazu notwendigen Kleinstlebewesen gesunden lassen.
Das klingt überzeugend und einfach, war es aber nicht.
Prof. Teruo Higa hat viele Versuche mit seinen Versuchsfeldern angestellt, und immer wieder wollte es nicht gelingen, bis er auf die Idee verfiel,

die „Gegner“ der notwendigen Bakterien mit diesen zu mischen, und dass war sein großer Erfolg. Plötzlich bekam er zwei bis dreifache Reisernten.
Wieder einmal hat sich gezeigt, dass die Ausgeglichenheit, die Harmonie zwischen ‚plus' und ‚minus' notwendig ist, damit Leben einen gesunden Verlauf nehmen kann.
Inzwischen hat sich diese Idee schon über sehr viele Länder verbreitet, und ich halte das für die Rettung unseres Erdballes, eben auch für das Wasser.
Mittels dieser Idee habe ich zum Beispiel meine drei Teiche mit den Produkten von Prof. Emiko behandelt. Das Wasser der Teiche wurde wechselweise glasklar, und dann schwimmen plötzlich große Schlammplaques auf und die Teichoberfläche färbt sich schmutzig gelb. Die Teiche durchlaufen offenbar eine Reinigungskur mit Erstverschlimmerungen.
Inzwischen haben viele Heilpraktiker und Ärzte die Bakterienaufbereitung mit großem Erfolg auch beim Menschen angewendet. Ein Landwirt, der dieses erkennt und anwendet, wird wieder zum dem, was im besten Sinne Bauer zu nennen ist. Dieses Präparat heißt EM.
Die Herstellung dieser Präparate ist denkbar einfach und billig. Professor Higa hat durch Verfügungen dafür gesorgt, dass das auch so bleibt.
EM eignet sich für Umweltschutz, den Haushalt, Haustiere, den Garten und Blumentöpfe, sowie für Teiche und Fischgewässer, Ackerbau und Viehhaltung. Es deckt ein großes Gebiet ab und stellt die große Hoffnung für die gequälte Erde dar.
Noch eine abschließende Anmerkung zum Wasser: Wenn du Saft oder Tee damit herstellst, ist das ganz gewiss kein Wasser mehr. Es ist dann ein Getränk!
Woran denkst du gerade, natürlich an Kaffee. Kaffee ist sehr wohlriechend, miserabel schmeckend und schwarz durch Röstung. Dein Aufschrei ist nicht berechtigt. Denke bitte an den ersten Schluck Kaffe in deinem Leben zurück. Hat der dir wirklich geschmeckt?
Was du da wirklich trinkst, ist verröstetes Zeugs in Wasser gelöst, kurz Röststoffe.
Diese bekommst du auch bei schwarzem Tee, bei Bratkartoffeln, bei zu hart gebratenem Ei oder Pfannkuchen und bei Fleisch, dass zu schnell angebraten worden ist. Diese Liste könnte man endlos so weiterführen.
Eine Tasse Kaffee macht dir in der Leber, so über den Daumen gepeilt acht tausend Leberzellen kaputt. Das ist dann eine Wunde, die ausgebessert werden muss. Da die Leber die große Baustofffirma im Körper ist, nimmt sie natürlich von den eigenen Baustoffen. Sie darf von dieser Produktion für

sich aber nur circa sieben Prozent verwenden. Doch reicht das nicht. Sie bedarf etwa des Doppelten.
Sie muss sich aber in einer halben bis einer dreiviertel Stunde ausgeheilt haben, weswegen sie das gleiche exerziert wie seiner Zeit Professor Erhard nach der Währungsreform: Sie produziert das Doppelte an LDL Cholesterin, HDL-Cholesterin, Trigyzeriden und Lipiden. Diese Überproduktion schlurt nun über die Strassen des Lebens. Die Blutgefäße und jedes Organ sagen: „Nein, was soll ich damit, das habe ich gar nicht bestellt." Die Folge ist, dass der ganze Überschuss in die Gefäßwände eingeschwemmt wird und bis zum Herzinfarkt führen kann. Na, dankesschön! Also, weg damit!
Was denn dann: Zwei Drittel Wasser und ein Drittel Getränke aus Kräutern unterschiedlicher Herkunft, wobei viele Kräuter spezielle Heilwirkungen haben. Davon jedoch mehr zum Schluss.
Bitte die Nieren nicht mit zu viel Wasser überlasten.
Suppen zählen übrigens nicht zu den Getränken. Sie sind konzentrierte Nahrung.

Nahrung

Du denkst ganz recht, wenn ich vom Essen erzählen will, ist das doch kein Problem. Notfalls bestelle ich mir eine Pizza, und dann bin ich glücklich damit. Schmeckt doch prima, oder?
Ja, ja, das habe ich mir genau so vorgestellt. Stumpf gewordene Verbrauchergedanken, so wie es die Industrie gern hat.
Wie bei der Atmung sind wir mit unserer Ernährung in der Regel leichtfertig.
Was schieben wir uns denn da bloß alles durch unser Fressmobil in den Magen und weiter in den Dünndarm, unser Stoffwechselorgan von der Größe eines Fußballfeldes.
Da wäre doch zunächst erst einmal zu fragen, warum die Natur die Nase gerade über dem Mund angeordnet hat. Schau nur einmal den Kühen zu, wenn die umgetrieben werden und am Wegesrand sorgfältig auswählen, was sie fressen. Dann wird dir klar, warum das so ist. Die schubbern nämlich zuerst, ehe sie etwas fressen. Sollten wir vielleicht das nicht auch wieder tun?
Wenn ich an meine Kindheit zurückdenke, und wenn ich unter dem Schreibtisch meines Großvaters hockend erlebte, wie der gelegentlich eine

Flasche Wein entkorkte, dann rollte über mich eine wunderbare Duftwoge hin. Wo ist dieser Duft wohl geblieben. Nimmst du jetzt eine geöffnete Weinflasche unter deine Nase, dann riechst du immer noch nichts weiter als Essig. Sollte hier vielleicht etwas nicht so recht stimmen?
Eine ganze Auslage an Weintrauben im Supermarkt müsste eigentlich den ganzen Markt ausduften. Ich habe vor kurzem eine Flasche biologischen Wein geschenkt bekommen.
Sieben schwerste Gifte ließen sich darin nachweisen, u.a. auch noch das seit siebzehn Jahren verbotene E 605.
Mute mir also bitte nicht zu, dass ich so etwas trinke. Abgesehen davon, versuche doch einmal, einen schönen Heidelbeersaft zu trinken. Dafür kannst du jeden Alkohol guten Gewissens stehen lassen, so gut schmeckt der.
Und so meine ich, solltest du unter dem, was du essen möchtest, etwas sorgfältiger auswählen lernen. Du solltest unterscheiden zwischen Nahrung und Lebensmitteln. Ich hoffe, du verstehst jetzt, was ich meine. Gebrauch doch bitte deine Nase mal wieder, bevor du etwas kaufst oder isst!
Es ist nicht Zufall, dass es eine Nahrungsmittelindustrie und, im Unterschied dazu, eine große Anzahl Erzeuger- und Verbraucher- Gemeinschaften für biologische Lebensmittel gibt.
Leider bestehen aber auch hier eine große Menge von Hürden und Uneinsichtigkeiten, weil diese Gemeinschaften nicht mit ausreichenden Erkenntnissen an die Lebensmittelerzeugung herangegangen sind, was sich hoffentlich in nicht all zu ferner Zeit ändern möge.
Da ist zum Beispiel das Problem mit Zucker.
Der herkömmliche Zucker besteht aus Langkettenmolekülen. achtundvierzig Kettenglieder müssen beim Verzehr dieses Zuckers von einer einzigen Dünndarmschleimhautzelle aufgegessen werden. Stelle dir das einmal bildlich vor, wie diese Zelle die Backen aufblasen muss, um dieses Riesenmonster verschlucken zu können. Sie kann von den achtundvierzig Kettengliedern lediglich einen Ring abspalten, den sie in ihrer Not, schon ins Blut entlässt.
Dann bleiben siebenundvierzig Glieder ungelöst zurück und diese Zelle liegt trocken. Was würdest du tun, wenn du einen trockenen Mund hättest. Du würdest zur nächsten Wasserquelle eilen, um zu trinken.
Das macht unsere Zelle ähnlich. Sie greift zum Telefonhörer und ruft bei der Zunge an und sagt zu ihr: „Ich habe einen Mordsdurst, schicke mir bitte Wasser!“

Die Zunge, die gar nicht faul ist, veranlasst dich, zu irgendeinem Getränk zu greifen.
Unsere Zelle, dem verdursten nahe, säuft wie eine Kuh. Sie ist jedoch zum platzen gefüllt und kann ums Verrecken nicht mehr aufnehmen. Als Folge platzt sie jetzt.
Das hat zwei Konsequenzen: Zum einen ist der Dünndarm verletzt. Bitte, das ist ein Areal von der Größe eines Fußballfeldes, in der ja unser gesamter Stoffwechsel zu Hause ist.
Außerdem purzelt nun ein Riesenmolekül in ein konzentriertes Blut hinein, das seinerseits erst nach zehn bis zwölf Stunden damit etwas lösen und anfangen kann.
Dieses Ungeheuer kreist für circa acht bis zwölf Stunden im Kreislauf herum. Immer vorbei an all den hungrigen Organzellen, die diese Riesenmöpse nicht schlucken können, weil sie einfach zu groß sind. Sie weinen am gedeckten Tisch vor Hunger und telefonieren leider zur Zunge: „Wie brauchen mehr Zucker, wir haben Hunger“, anstatt zu sagen: „Hör bitte auf mit diesem Zucker, der bekommt uns gar nicht.“
Gar keinen Zucker mehr, hast du eben gemurmelt. Nein mein Freund, so ist das auch wieder nicht. Das nenne ich den Beginn einer Sucht.
„Ach ja, der braune Zucker, habe ich schon mal gehört.“
Nein, der ist nicht viel besser als sein weißer Freund. Beide zerstören, so über den Daumen gepeilt, circa eine Million Zellen im Kapillarbereich, da wo die Blutgefäße am aller engsten sind und der Stoffwechsel stattfindet.
Das wiederum ist tragisch, weil man dadurch alle Pforten zur Infektion mit Vieren öffnet.
Wir brauchten eigentlich gar keine Viruserkrankungen fürchten, wenn wir diesen Zucker nicht hätten.
Anders verhält es sich mit dem Rohrzucker und dem Fruchtzucker. Es handelt sich dabei um kurze Moleküle. Ganz besonders der Fruchtzucker, der nur aus zwei Ringen besteht, macht gar keine Schwierigkeiten, weil er ohne weiteres von den Zellen aufgenommen werden kann. Die teilen ihn sogleich in zwei Einzelringe, die sie behalten, bis das Blut anklopft und sagt: „Ich brauche mal Zucker.“
Einer oder beide Zuckerringe werden ausgeliefert und sind spätestens schon nach einer halben Minute in Energie umgewandelt. Du brauchst folglich nicht wie beim Langkettenzucker zehn bis zwölf Stunden auf Energie zu warten. Ja, richtig, es gibt da auch noch den Honig und den Traubenzucker.

Beide bestehen aus einen einzelnen Ring, der leider die Eigenschaft hat, sich zwischen den Zellen hindurch ins Blut zu mogeln und dadurch möglicherweise die Bauchspeicheldrüse zur Unzeit überschwemmt und zur Verzweiflung bringt. Das kann dann zu Diabetes führen. Solche Zucker solltest du deswegen ausschließlich zu dir nehmen, wenn du unmittelbar hinterher körperliche Leistung zu erbringen hast.
Mit Honig haben wir in sofern eine gewisse Ausnahme vor uns, weil er getarnt durch sehr gesunde Begeleitstoffe ist, die dem Pankreas nicht schaden, sofern man nicht zu viel davon auf einmal zu sich nimmt. Zwei Teelöffel Honig pro Mahlzeit sind deswegen durchaus erlaubt, es sei denn, du bist schon Diabetiker.
Dann wäre an den Kaffee zu denken.
Ach, ihr armen Kaffeeschwestern! Die Kanne Wasser, die ihr euch dazu servieren lasst, macht genau das Gegenteil von dem, was ihr vermeiden möchtet. Der Wasserstoff, das H aus dem H^2O, ist es, das dem Kaffe erst richt gefährlich werden lässt. Wenn Kaffe, dann bitte stark, schwarz und wenig, Mokka-Tässchenweise! Zwei Stunden vor diesem Genus und zwei Stunden danach darf dann aber keinerlei Speisen genossen werden. So machen das die Araber in ihren Kaffeehäusern. Da bekommst du nur Kaffe, stark schwarz und wenig, und nix zu essen!
Das nächste Problem ist die Milch. Schon Paracelsus, Kneipp, Issels und Hacketal haben eindringlich die Erwachsenen gewarnt, Milch, Käse, Quark, Yoghurt und Buttermilch zu genießen.
Bitte, bedenke, dass die Milch weiß ist. Sie ist weiß, weil Kalk darin schwimmt, ein Stoff, der von sich aus gar nicht schwimmen kann. Kalk wird von den Eiweißmolekülen magnetisch getragen. Diese Bindung kann nur der Säuglingsmagen trennen, weil er einen ganz anderen Magensaft hat als der Erwachsene: Eine neutrale Fruchtsäure nämlich, die in der Lage ist, die Eiweiße der Milch vom Kalk tangential auseinander zu schieben. Die Salzsäure und das Pepsin im Erwachsenenmagen können das nicht und so kommt die Verbindung ungetrennt in den Dünndarm hinein, wo Kalk durch die Arteriolen und Eiweiß, auf Grund ihrer Polarität durch die Venolen aufgenommen werden müssen.
Das hat sehr gefährliche Konsequenzen. Die nun liegen gebliebenen Mineralien und Eiweiße, die ja nicht auseinander können, verstopfen die Aufnahmeorgane bis zu circa sechzig Prozent. Das bedeutet, dass von beidem nur vierzig Prozent in den Organismus gelangen können. Mineralien

benötigen derer jedoch nicht nur für Knochen, Gelenke und Muskeln, sondern besonders auch zur Entgiftung.
Wenn nun Eiweiß liegen bleibt, passiert folgendes: Stell dir einmal vor, du legtest Fleisch, für nur eine halbe Stunde auf die Heizung bei siebenunddreißig Grad Celsius, ähnlich der Körpertemperatur. In dieser kurzen Zeit würde sich ein Schimmelpilz, der Mucor genannt wird, bilden und den du als schwarzen Wandbelag von feuchten Hausecken her kennst. Dieser Pilz sondert in großer Menge die höchst Krebs erregenden Aflatoxine ab. Dieser wird von unserem Rheuma und Krebsfeind No. 2, dem Stickstoff, in gleich großer Menge begleitet. Außerdem stiehlt dieser Pilz circa achtzig Prozent an Sauerstoff aus dem Gewebe.
Seit etwa fünfzig Jahren ist die laktovegetabile Kost, die Milchkost modern geworden. In diesen fünfzig Jahren ist die Krebshäufigkeit von einem auf drei Krebsfälle bei tausend Einwohnern gestiegen.
Sollte uns das nicht vielleicht Anlass zum Nachdenken geben?
Milch, Käse, Quark, jede Art von Yoghurt und Buttermilch sind folglich für Erwachsene zu neunundneunzig Prozent zu meiden, es sei denn, sie hätten niemals Fleisch in ihrem Leben gegessen.
Warum das so ist? Ich will es dir sehr genau erklären.
Stichwort ist ‚Trennkost'.
Die Trennkost sagt dir, dass du tierische Eiweiße nicht zusammen mit Kohlehydraten zusammen essen darfst. Erlaubt dagegen ist die Kombination von oberirdischem Gemüse mit tierischen Eiweißen oder die Kombination von unterirdischen Gemüse- und Getreidesorten, also Kohlehydraten.
Bitte überlege dir gut: „Du bist was du isst!“
Überzeuge dich selbst und beobachte deine Mitbürger auf der Strasse. Da watschelt die eifrige Hausfrau mit den Proportionen eines ausgewachsenen Schweinchenhinterns und eines entsprechenden Bäuchleins an der Fleischtheke entlang und kann an Aufschnitt und Schinken gar nicht genug auswählen. Noch ein bisschen Speck und natürlich auch noch ein Schweineschnitzel. Schau dir ihre Hängebacken an und die verschwollenen Augen. Wie vielen ähnlichen Menschen begegnest du täglich auf der Strasse! Beim Vater kommt dann noch der Bierbauch dazu. Fühlt der sich wirklich wohl?
Was sagt unser guter Kneipp dazu: „Höchstens einmal die Woche, mindestens einmal im viertel Jahr.“ Das hat unlängst die größte Forschungsanstalt auf der Erde, die Queensland University in Messachusets auch formuliert.
Wenn du unbedingt Fleisch essen möchtest, so sollte das Schwein absolut „out“ bleiben.

Auf jeden Fall würde ich vorschlagen, morgens bei einer Mahlzeit aus Kohlehydraten zu bleiben, und wenn du Probleme mit deinem Gewicht hast, verzehre statt Brot lieber Sämereien, wie etwa Sonnenblumenkernchen, Kürbiskerne, Brenneselsaat und so weiter. Die kann man nämlich auch essen.

Die Sämereien haben den großen Vorteil, dass noch keiner auf die Idee gekommen ist, sie zu verzüchten wie alle unsere Getreide; die, Gott sei es geklagt, zugunsten von Kohlehydratreichtum etwa die Hälfte ihrer Fermentfunktionsstoffe eingebüßt haben.

Also, wenn du dein Sämlingsmüsli genossen hast, ist dein Energie Reservoir bis zum Rand aufgefüllt, und wenn du dann wirklich noch eine Scheibe Brot dazu isst, kann dein Stoffwechsel gut damit fertig werden.

Wie man so ein Sämereien Müsli herstellt? Ganz einfach: Nimm drei Esslöffel Sonnenblumen Kerne und/oder Kürbiskerne, einen gehäuften Teelöffel Brennnessel Pulver einen gehäuften Esslöffel Brennnessel Saat, einen gehäuften Esslöffel Korinthen oder Rosinen und übergieße das mit sehr heißem Wasser, bis alles bedeckt ist. Wenn das ganze zehn bis zwanzig Minuten gezogen hat, kannst du es mit großem Genuss verspeisen.

„Kein Fleisch, keine Wurst oder Schinken auf Brot. „Wovon soll ich denn da satt werden?“

Auf diese Frage habe ich gewartet.

Stell dir vor, du lädst deinen PKW mit Ersatzteilen für einen Büssing Diesel dachrandvoll, von dem du für dein Auto nur zwei Schrauben brauchen kannst. Dein armes Auto würde in die Knie gehen. Ja, das ist Fleisch für deinen Stoffwechsel. Labormäßig gesehen ist Fleisch natürlich Eiweiß und für das betreffende Tier höchst wertvoll; für dich jedoch leider nicht.

Fleisch brauchen wir nur zweier Fermente wegen. Zwei Schiebkarren, die dafür verantwortlich sind, dass Eisen und Vitamin B12 durch die Darmwand hindurch geschoben werden kann. Diese beiden Schiebkarren gehen so etwa alle viertel Jahr zu Bruch und dann müssen wir eben einmal Fleisch essen, damit die Produktion im Stoffwechsel nicht unterbrochen werden muss.

Fleisch kann also gar nicht sättigen. Es kann nur belasten. Das ist auch der Grund, weswegen wir so oft Schmerzen, Rheuma und Krebs haben.

Ja, und wenn du nun einmal Fleisch essen möchtest, darfst du es auf keinen Fall mit Kohlehydraten zusammen essen! „Warum das denn nun wieder nicht?“

Sieh mal, verschiedene Lebensmittel kommen in den Magen und werden verschieden verdaut. Die einen brauchen Salzsäure und Pepsin zur Verdauung (HCl), so zum Beispiel Fleisch, Fisch, Eier, Muscheln und Kaviar. Zum Fleisch zählen natürlich auch Geflügel und alle Wurstsorten.
Andere Lebensmittel müssen durch Natronlauge (NaOH) verdaut werden. Das sind alle Gemüsesorten, die unter der Erde wachsen, wie Kartoffeln, Sellerie, Zwiebeln, alle Lauche, Möhren, Rüben, Rote Beete und Schwarzwurzeln, um nur einige zu nennen.
Isst du zum Beispiel nun Fleisch und Kartoffeln oder Schinken auf Brot, dann lockst du in deinem Magen sowohl das eine wie auch das andere: Diese beiden vertragen sich aber gar nicht. Natrium (Na) geht einfach fremd mit dem Chlor (Cl) und bildet eine neue Ehe und die heißt dann Nariumchlorid (NaCl). Das ist Kochsalz. Die beiden Reste von der Salzsäure (H) und der Natronlauge (OH) sagen nun: „Wenn die beiden fremdgehen können, dann machen wir das doch auch!“ So entsteht nun durch zwei mal einem H und einmal einem O: H^2O = Wasser.
Weder Wasser noch Kochsalz sind in der Lage, auch nur ein Fitzelchen von dem ganzen Zeugs, was du gegessen hast, zu verdauen. Schau dir das an:

$$\text{NaOH} + \text{Speise} + \text{H Cl} = \text{NaCl} + \text{H}^2\text{O} = \text{neutral}$$

Dieses sei dein Teller mit Kartoffeln und Fleisch, das neutralisiert zu Kochsalz und Wasser wird. Nun muss der Magen noch einmal so viel Magensaft bilden, als Speiseinhalt vorhanden ist. Siehe unten und du wirst erkennen, dass alles nur noch sauer ist.

$$+HCl = \textit{sauer} \text{ und } +HCl + HCl = \textit{sauer}$$

Kartoffeln und Fleisch neutralisieren bis zur dreifachen Speisemenge und nichts ist verdaut.
Nun muss der Magen noch einmal so viel Magensaft bilden als er Speiseinhalt hat. Das führt zu einer Übersäuerung. Der Bauch ist schwer. Wie man das ja ganz genau kennt, wenn man sich sonntags nach dem Mittagessen zwei Stunden aufs Ohr legen muss.
Der Magen hat, um alles weg zu verdauen, fünfmal so viel Magensaft bilden müssen, als wenn er nur Fleisch gegessen hätte.
Das hat Konsequenzen, die den Organismus Substanz kostet.

Da der Magen seine Verdauungssäfte aus dem Blut holt, ist dieses gezwungen, die geopferten Eiweißfraktionen irgendwoher zu ergänzen. Das geschieht natürlich an Organ- und Blutgefäßwänden. Eiweißzellen werden hier abgebaut und zu Aminosäuren „zersägt".
Das Blut ist somit zufrieden gestellt, nicht jedoch die Gefäß- und Organwand. Bei ihnen ist nun der Schwarze Peter hängen geblieben. Sie weisen Löcher auf, die dringend geschlossen werden müssen.
Glücklicherweise kann der Organismus zu diesem Zweck aus den Kohlehydraten, die unter der Erde wachsen (Kartoffeln, Rüben, Sellerie, Möhren, Zwiebeln, Schwarzwurzeln und noch andere), Fettzellen aufbauen. Diese werden über den Stoffwechsel in die Organ- und Gefäßwände deponiert. Sie können zwar die Löcher abdichten, arbeiten können sie jedoch nicht.
Immerhin haben sie uns das Leben gerettet. Sonst wären wir an einer Kochsalzvergiftung gestorben, denn sie können in weniger als einer Zehntelminute das überschüssige Kochsalz speichern. Und wo Kochsalz ist, dahin wandern auch überschüssige Wassermengen. Du hast soeben gelesen, dass davon eine ganze Menge entsteht; und wohin geht es? Na ja eben in unsere Fettzelle, die sich mit dessen Hilfe um das achtfache vergrößert. Danach quetschen sie angrenzende Blutgefäße ein, die sie manchmal ganz abdrücken. Das kann sogar bis zum Infarkt führen. Mindestens entsteht hier eine Stromschnelle mit nachfolgendem Tümpel, in dem die Fließgeschwindigkeit stark herabgesetzt ist. Das führt in diesen Tümpeln zu Ablagerung von Sedimenten, die sich wie vergessene Unkrauthäufchen benehmen. Wenn man solche Häufchen einmal nach einer halben Stunde anlüftet, dann ist die Erde darunter Schwarz und porös.
Diese Porosität kann sich das Blutgefäß nicht erlauben. Es telefoniert zur Leber und sagt: „Ich habe hier ein Tschernobyl. Ich brauche dringend Beton, ich muss den Schaden einbetonieren." Die Leber versteht unter Beton ein sehr schweres Cholesterin, das LDL - Cholesterin, das sog. Böse.
Ob das nun wirklich das Böse ist, kannst du nun schon selbst entscheiden. Hast du schon einmal einen Mauerer ein Haus bauen sehen, der nur mit Mauersteinen und Sand, aber ohne Zement arbeitet?
Leider kann der Organismus die Sedimente nicht vorher forträumen, so dass, wie in Tschernobyl, die Unkrauthäfchen weiter gammeln, und die reparierten Gefäßwände reißen wieder und wieder.
So setzt sich das unendlich fort, wenn man die Ursachen nicht forträumt.
Das ist wie auf der Autobahn mit dem Schwerlastverkehr. Immer mehr Unfälle, immer mehr LDL - Cholesterin lagert sich ab.

Du kannst dir an zehn Fingern ausrechnen, dass zehnmal so viele Fettzellen, zunächst in die Organwände eingeschwemmt werden. Dabei wirst du leistungsschwächer. Das geht so lange gut, bis der Körper schließlich sagt: „Noch mehr Arbeitslose kann ich nicht mehr bezahlen, jetzt werden die alle ausgesteuert." Dann wirst du schwerer und dicker.

Ein Viertel Pfund Fleisch enthält circa ein bis zwei Gramm reines Eiweiß, das du verlierst und dafür bekommst du nun zehnmal so viele Fettzellen auf deine Hüften gekleistert. Das sind bei einer Mischmahlzeit runde zehn bis zwanzig Gramm Fett. Außerdem: Ein Viertel Pfund Fleisch enthält so viel Zellkerne, in denen der Reizkörper Stickstoff enthalten ist,(Krebsfeind No 2 und Schmerz - Entzündungsfeind No1), dass ein gesundes Nierenpaar drei Tage benötigt, um diese Reizkörper auszuscheiden. Das ist noch normal!

Wenn du aber Fleisch und Kartoffeln zusammen isst, löst du aus deinen eigenen Geweben zehnmal so viele Zellkerne, so dass die Nieren dreiunddreißig Tage benötigen, um diese Superbelastung abzubauen. Das schaffen die meistens nur teilweise oder gar nicht. Das nennt sich dann Rheuma, Cholesterinose, Infarkt und Fettsucht. Das sind also bei deiner bisherigen Ernährungsform tolle Aussichten! Wie solltest du denn nun essen?

Erst einmal zum Milchfett, genannt Butter: Die Sauerrahm-Butter ist eines der besten Stoffwechselfette. Dies trifft ganz besonders deswegen zu, weil sie nicht mit Milch, in der Antibiotika enthalten sind, hergestellt werden kann. Außerdem erinnere ich an die klärenden Worte von Professor Ferdinand Hoff, der auf einem Kongress für Internisten in Hamburg eindringlich zu seinen Kollegen gesagt hat: "Lasst mir endlich die Butter zufrieden. Ihr müsstet sechs Zentner Butter am Tag essen, wenn ihr so viel Cholesterin ins Blut bekommen wolltet, als die Leber täglich selber herstellt."

Außerdem ist mir auch noch keine Ölheizung bekannt geworden, die durch Fett dicker geworden wäre. Fett macht nicht fett!

Was du allerdings mit Fett niemals machen solltest, ist es zu erhitzen. Du erzeugst dadurch gesättigte Fettsäuren, die dir gnadenlos auf der Hüfte hängen bleiben. Sie können vom Stoffwechsel nicht abgebaut werden.

Eine weiter große Belastung für den Stoffwechsel des Erwachsenen ist die Milch mit ihren Produkten, wie Käse, Quark, Yoghurt und Buttermilch.

Für diejenigen, die nicht wissen welches Lebensmittel, im Sinne der Trennkost, wohin gehört, gebe ich hier folgende Auflistung:

Tierische Eiweiße	Fisch Muscheln Eier	Fleisch Hühnchen Wurst
Pflanzliche Eiweiße Alles über der Erde Wachsende	Weißkohl Blumenkohl Spargel Giersch Löwenzahn Rosenkohl Brennnessel Gewürzkräuter	Rotkohl frische Erbsen Wildgemüse Gänseblümchen Hirtentäschel frische Bohnen Gänsefingerkraut
Fette	Butter	Öle
Kohlenhydrate Alles unter der Erde Wachsende	Rüben Kartoffeln Reis Gerste Sonnenblumenkerne Anis Brennnesselwurzeln Sämereien Rote Beete	Sellerie Schwarzwurzeln Weizen Roggen Sesam Fenchel Kürbiskerne Hafer Möhren
Verboten	Molke Yoghurt Sanoghurt Streichkäse	Quark Bioghurt Milch Hartkäse

Das ist also die Heysche Trennkost

Nach deren Regeln gilt: Tierische Eiweiße dürfen nicht mit Kohlehydraten zusammen in einer Mahlzeit gegessen werden.
Wohl aber dürfen alle pflanzlichen Eiweiße mit Kohlehydraten oder mit tierischen Eiweißen zusammen in einer Mahlzeit genossen werden.
Nach *Kneipp* sollte man Fleisch höchstens einmal in der Woche zu sich nehmen, mindestens jedoch einmal im viertel Jahr. (Unlängst bestätigt von der Queensland University in Kanada).
Wichtiger Hinweis: Bitte koche nicht alles kaputt! Schon der gute Christus soll zu den Kranken gesagt haben: „Wie wollt ihr lebendig bleiben, wenn ihr tote Nahrung esst.“
Unsere Großmütter hatten seiner Zeit schon die Lösung erfunden. Sie hatten den Dämpftopf, in dem das Gemüse oder und das gesamte Nahrungsgut im aufsteigenden Dampf garte. Genial!
Da denke ich außerdem an unser täglich Brot, für das du betest. Es wird heute durchweg mit tausend achthundert Grad Celsius gebacken. Würdest du bei der Temperatur wohl lebendig aus der Sauna wieder herauskommen?
Der Dampf bringt circa achtzig bis hundert Grad. Soviel kann man auch in der Sauna gut aushakten. Also gönne deinen Lebensmitteln auch diese schonende Prozedur, dann sind sie auch bereit, dir ihre Energie zu übergeben, weil ihre Energie auf diese Weise im Menschen erhöht wird.
Wenn du gerne Brot essen möchtest, rate ich, Steinofenbrot zu wählen. Auch dieses wird mit achtzig bis hundert Grad gebacken.
Leinsamen gehört nicht ins Brot. Es ist darin zu viel an Blausäure enthalten, die beim Kauen frei gesetzt wird. Das ist schließlich giftig.
Willst du wirklich einmal Weißbrot essen, dann sei so vernünftig und streue auf Butter und Honig Sonnenblumenkernchen, damit dein Stoffwechsel das bekommt, was du ihm sonst vorenthalten würdest.
Ich will dich nicht zum Pharisäer erziehen. Mal eine Sünde ist schließlich auch ein Stoß ins System, aber bitte nicht jeden Tag eine andere Sünde! Das würde trotzdem schaden.

Fünfzehn Goldene Regeln

REGEL 1
Iss mit Freude und Genuss, denn Dauerdiäten machen missmutig und krank. Fasten macht zu besserem Futterverwerter. Man erreicht das Gegenteil, wenn man meint, damit abnehmen zu können. Du schmeißt nur Wasser und Salz aus deinem Körper heraus. Die Fettzelle sitzt weiterhin in deinem Gewebe und wartet nur auf die nächste Salz Zufuhr und wenn es auch nur das Salz der Seeluft ist. Das ausgeschwitzte Wasser findet dann schon seinen Weg dorthin.

REGEL 2
Verwende anstatt des herkömmlichen Salzes Kräutersalz oder noch besser das aus dem Himalaja. Mit letzterem beugst du nicht nur einem Kaliummangel vor, sondern du bekommst alles an Spurenelementen, die es auf der Erde gibt.

REGEL 3
Täglich solltest du einen Becher Niroxin - Tee trinken, um überschüssiges Wasser auszuscheiden.

REGEL 4
Iss dein Essen mit Bedacht und bedanke dich bei ihm, dass es dir seine Energie schenkt. Radio oder Fernsehen während des Essens zerstören dein Verhältnis zu dem, was du an Lebenden Stoffen zu dir nimmst. Natürlich ist eine gute Unterhaltung erlaubt und sogar wichtig, aber besser nach dem Essen.

REGEL 5
Benutze festliche Anlässe nicht um hemmungslos aus deiner Esskultur auszubrechen. Dein Stoffwechsel nimmt dir diese vorgeschobenen Alibis oft sehr übel.

REGEL 6
Lass dich nicht zu einem Aperitif vor dem Essen überreden. Das ist der Trick der Gastwirte, um bei dir mehr Appetit zu erzeugen. Das willst du doch sicher nicht.

REGEL 7
Bier während des Essens, lässt auf Grund seines hohen Östrogengehaltes, alles Genossene doppelt und dreifach auf die Hüften wandern. Also lass es lieber.

REGEL 8
Scharfe Gewürze wie Pfeffer, Senf, Paprika und Curry wecken die Esslust erheblich und lassen sehr schnell das gesunde Maß verlieren. Bleibe also damit äußerst vorsichtig. Außerdem sind drei Gramm dieses Gewürzes tödlich.

REGEL 9
Wenn du Fleisch essen möchtest, halte dich vorwiegend an das Gekochte. Gebratenes setzt doppelt an deinen Hüften an.

REGEL 10
Hast du keine Zeit zum Essen, lass es einfach. Geschlungenes Essen bekommt nicht und man verliert das Maß für die Menge des Genossenen. Beschaulichkeit für das Essen sollte einfach immer dazu gehören.

REGEL 11
Zwischen Vorspeise und Hauptgang solltest du mindestens sieben Minuten verstreichen lassen. Du wirst dann erleben, dass du schon fast satt bist. Ein guter Gastwirt weiß das. Deswegen lässt er den Gast lange genug auf den Hauptgang warten, damit der mit Mini-Portionen zufrieden ist.

REGEL 12

Lege beim Essen mehrere Pausen ein, da sich der vorgenannte Effekt dann noch verstärkt.

REGEL 13

Süße Speisen und Eis solltest du weitgehend meiden: Auch sie heften sich vornehmlich den Hüften an.

Ausnahmen hin und wieder sind ein Stoß ins System, also schon mal erlaubt.

Wenn du nach dem Essen etwas vermisst, tätest du gut daran, immer etwas in Griffweite zu haben, wie zum Beispiel Sonnenblumenkerne oder Kürbiskerne mit Korinthen und Mandeln gemischt. Eine Priese davon erhöht jedenfalls deinen Energiehaushalt.

REGEL 14

Um 16°° Uhr, eigentlich um 15°° Uhr, ist definitiv Küchenschluss. Wenn du danach noch aus schlechter, alter Gewohnheit Appetit hast, nimm dir einen langweiligen Haferkeks mit einer dicken Butterflocke und knabbere diesen im Verlauf von mindestens zwanzig Minuten, also Krümelchenweise. Dann trinkst du einen Schluck Wasser nach und der Appetit ist weg. Du hast den Eindruck zwei Scheiben Schwarzbrot gegessen zu haben.

REGEL 15

Halte deinen Kühlschrank grundsätzlich frei von Hunger anreizenden Speisen, Nahrungsmitteln und Süßigkeiten.

Essen ist Wunder und eine Gnade zugleich: Aus der Symbiose von Atem, Wasser und fester Nahrung wird Lebensenergie vermittelt und umgesetzt: Leben in schönster Form wird von Pflanze auf Mensch weiter gereicht.

Alle Lebensäußerungen hängen von diesen dreien ab. Und wie stiefmütterlich werden sie in der Regel oft von uns Menschen behandelt und abgetan. Mit diesen dreien gehe bitte andächtig um.

Unsere Vorfahren haben vor Tisch gebetet, man findet das heute kaum noch. Ich halte auch nicht recht was von vorgefertigten Sprüchlein; aber wichtig, meine ich, ist der andächtige Gedanke, der sich mit diesen Fakten auseinander setzt. Warum sollte ich mich bei dem, was ich esse, vorher bedanken?

Jede Pflanze ist schließlich eine Wesenheit, die wir mit unseren Augen nur nicht als solche wahrnehmen. Wenn ich dein Blut untersuche, sehe ich dich schließlich auch nicht. Wir sehen von der Pflanze ein Gerippe. Das was sie wirklich ist wird dir gar nicht bewusst.
Vor gar nicht langer Zeit habe ich über fünfzig Pflanzengeister sehen und zeichnen dürfen. Sie alle haben Ähnlichkeit mit menschlichen Formen.
Die drei Säulen der Gesundheit sind eingebettet in die Dreiheit von KÖRPER, SEELE und GEIST.
Was das nun wieder ist?
Na ja, deinen Körper meinst du zumindest einigermaßen zu kennen. Wirklich?
Weißt du denn, dass du etwa zu siebzig Prozent aus Wasser bestehst? Der Rest von fünfundzwanzig Prozent besteht zu circa achtzig Prozent aus Kleinstlebewesen, und der kümmerliche Rest ist das, worauf du so stolz bist, und was ist da nun Materie?
Stelle dir vor, wir beide könnten aus meinem Schreibtisch ein einziges Atom herausnehmen und davon den Atomkern vergrößern auf die Größe einer Erbse.
Weißt du wo wir das nächste Elektron, das um den Kern herumkreist, suchen müssten?
In zwanzig Kilometern Entfernung würden wir es vielleicht in Größe eines Reiskorns finden. Wir müssten allerdings super Augen haben, weil dieses Reiskörnchen von einer solchen Geschwindigkeit ist, dass nicht einmal Spezialkameras es aufzuzeichnen in der Lage wären.
Dabei wissen wir bis heute nicht einmal, ob der Atomkern, oder alle die kleinsten Partikelchen, die da herumkreisen, wirklich Materie sind.
Alles ist Schwingung. Und wenn du dein Fahrrad so schnell kreisen lässt, dass du einen Tennisball darauf wie auf einem Tisch springen lassen kannst, wirst du vielleicht verstehen, was ich meine.
Du liest diese Zeilen, ja, was liest du denn da. Wieso kannst du das lesen? Was nehmen deine Augen wahr? Natürlich nichts wie Schwingungen. Was du von mir siehst, ist in Wirklichkeit NICHTS!
Das heißt doch, dass alles, was wir Leben nennen, Schwingung ist. Unsere ganze, liebe Erde könnten wir als absolute Materie in einen Fingerhut hinein stopfen; wenn es denn dann wirklich Materie sein sollte.
Ja, was bist du denn nun wirklich? Ein Gedanke Gottes? Ein wohl durchdachter Bauplan von was denn?

Soll ich noch mehr Fragen formulieren, die wir beide nicht beantworten können. Ich lass es lieber.
Eines ist jedoch ganz sicher, dass nämlich unser ganzes Leben in eine Kette von unfassbaren Wundern eingebettet ist. Wir sollten nur versuchen, sie zu sehen.
Wieso kannst du denken? Gehört das zu dem grandiosen Gedanken Gottes? Du bist in gewisser Weise selbst Schöpfer und Schöpfung. Nennen wir uns deswegen auch Geschöpfe?
Dein Körper ist also Materie - Schwingung. Einigen wir uns darauf. Er hat Organe, er hat ein Lymphsystem, er hat Blut und Nerven, und alles das funktioniert mehr oder weniger gut, je nachdem, ob wir uns vernünftig, logisch, bzw. biologisch verhalten.
Damit das auch klappt, hat uns die Schöpfung zwei Thermostate zugebilligt: den Intellekt und die Psyche.
Der Intellekt ist das, was Häuser baut und sie wieder ausbombt. Manchmal macht er auch was ganz vernünftiges. Er sagt dir nämlich: „Fasse den Ofen nicht an, der ist zu heiß."
Von der Psyche hast du sicher schon mehr gehört, nämlich, dass sie himmelhoch jauchzend und zu Tode betrübt sein kann. Das trifft auch zu. Sie ist es auch, die sagt: „Ich habe Hunger." Sie schwelgt von Schönheit und ist entsetzt über die neuste Mode. Sie ärgert sich oder andere und kann in ihrem Urteil kaum gerecht sein. In Wirklichkeit sollte sie uns vor falschem Essen und Trinken warnen.
Sie hat nichts mit dem Geist zu tun. Der steht weit über der Psyche. Der Geist ist Herrscher in uns und das Bindeglied zu Gott. Liebe und Empfindung sind seine Ausdrucksformen.
Die Psyche kann nicht lieben. Sie kann sich nur verlieben. Sie kann auch nicht herrschen: Allenfalls kann sie sich nicht beherrschen. Die Psyche will besitzen und ist egoistisch. Das ist zweckmäßig bis zu einem gewissen Grad: Denn sie ist auch verantwortlich für die Nahrungsaufnahme.
Der Intellekt ist egozentrisch. Der bezieht alles auf sich. Auch das ist bis zu einem gewissen Grad gut und richtig, weil er für die Beschaffung der Nahrung und Kleidung verantwortlich ist.
Beide lassen die Welt für uns Menschen in Gegensätzen erscheinen: PLUS und MINUS, hinten und vorn, oben und unten, links und rechts. Das bedeutet, dass für uns Leben überhaupt nur in der Spannung zwischen ‚plus' und ‚minus' denkbar ist. Gäbe es das nicht, könnten wir nicht zwischen diesen beiden Polen schwingen.

Und diese Grundschwingung können, dürfen wir, mit unseren Gedanken und Wünschen beschreiben, so wie es das Radio oder das Fernsehen mit ihren Grundschwingungen machen, wenn sie ihre Sendung darauf aufschreiben.
Alle drei Grundschwingungen wären unseren Gedanken offen, nur werden meistens lediglich die der beiden Thermostate benutzt.
Das oberste Prinzip scheint den meisten unheimlich zu sein, und deswegen gibt es wohl auch so wenig Glück.
Bitte lieber Leser, orientiere dich um und lerne, geben zu wollen. Das Geistige will geben und erst durch geben kann man auch lieben und glücklich machen.
Du fragst, wie du denn deiner Psyche Herr werden kannst, weil sie dich immer wieder zum Kühlschrank lockt, obgleich du eigentlich abnehmen müsstest. Dieses hinterhältige Luder!
Nein, mein Freund, nicht der Kühlschrank ist es, denn du allein bist verantwortlich für dessen Füllung.
Ja, ich weiß, dein Psychiater hat gesagt..... Lassen wir den einmal beiseite. Gewiss mögen in deinem Vorleben hintergründig irgendwelche Erlebnisse stehen, die deine Misere ausgelöst haben.
Inzwischen bist du jedoch ein erwachsener Mensch, begabt mit einem freien Willen.
Lass es dir einfach nicht bieten, dass sich bei dir ein Endlosvideo ableiert, das du selbst irgendwann besprochen hast.
Ich bin absolut sicher, dass du eine reichhaltige Videothek vorrätig hast, die dir den Weg zum Positiven zu weisen vermag. Warum nutzt du sie nicht?
Ich verrate es dir: Du bist durch dein Esslustvideo in Vollbeschäftigung.
Wie kommst du da nun heraus?
Sieh mal, dein Gehirn hat zwei Hälften, etwa wie ein Discopult zwei umschaltbare Tapes hat.
Deine linke Hälfte hältst du, wie die meisten Menschen, im täglichen Gebrauch.
Die rechte Hälfte wird von dir fast nicht beachtet, allenfalls sonntags einmal. In dieser Hälfte liegt deine große Chance. Sorge dafür, dass diese Hälfte häufiger eingeschaltet wird.
Stell dir einfach vor, du hättest jetzt statt Tapedecks zwei Fernsehbildschirme vor Augen, also vor einem offenen und einem geschlossenen Auge. Setz dich mit dieser Vorstellung in einen Sessel und versuche beide Bildschirme zu erblicken. Rufe die schönsten Programme deines Lebens ab.

Lass dir Zeit, und genieße es. Du wirst entdecken, dass diese Superprogramme auf dem rechten Bildschirm erscheinen (es sei denn du bist Linkshänder).
Dabei ist es belanglos, ob sich das alles als lebende Bilder, statisch oder sogar geschrieben darstellt.
Nach fünf oder zehn Minuten schalte dein linkes Programm mit den miesen Fressorgien dazu. Dieser Bildschirm liegt etwas mehr im Hintergrund.
Ein Vergleich wird dich hoffentlich überzeugen, dass die rechte Bildschirmqualität wesentlich angenehmer ist, als die linke.
Hole diese Bildschirmdarstellung deiner Esssorgen ruhig noch mehr in den Vordergrund, damit dir voll bewusst wird, was da abläuft.
Dein Essprogramm kommt dabei sicher nicht all zu gut weg. Unschärfen und Verzerrungen stellen sich ein. Weil das nun nicht mehr so interessant ist, schiebe den rechten Fernseher über den linken und schreie sehr deutlich und scharf „Ratsch!“ Gleichzeitig kneifst du dir mit den linken Daumen und Zeigefinger ins linke Ohrläppchen. Das nennt man verankern, und hat den Sinn, dass, wenn man mal wieder Anwandlungen bekommt, beim Essen mehr als zuträglich zuzulangen, man sich nun nur ins linke Ohrläppchen zu kneifen braucht. Und schon ist der nervöse Fressimpuls verschwunden.
Du wirst dich hinterher wie erlöst fühlen. Und schon nach einer ersten Übung ist dein Appetit nur noch halb so groß.
Wiederhole diese Übung noch einige Male, und du wirst entdecken, wie viel schöne Seiten dein Leben hat.
Diese Übung funktioniert gleichermaßen auch bei Appetitsverlust, eben nur mit umgekehrtem Vorzeichen.
Zum guten Ende unseres Gespräches möchte ich dir schnell noch etwas über Ordnung sagen.
Ich weiß, und vielleicht gehörst du auch zu den nicht ganz Ordentlichen, dass dieses Wort allgemein nicht sehr beliebt ist. Dennoch kann ich mir eine Welt ohne Ordnung nicht vorstellen.
Wenn ich mir ausdenke, ich könnte aus meinem Schreibtisch einen kleinen Atomkern herauspflücken, wie eben besprochen, kann ich daraus die Ordnung der Natur erkennen.
Sage mir, ist das nicht etwas ganz Besonderes? Und kein Professor der Welt ist bis heute in der Lage, uns zu verraten, warum das so ist.
Sicher ist nur, dass mein Schreitisch nur der eine sein kann, weil dessen kosmische Ordnung seine Form garantiert. Und was ist mit uns Menschen?

Unterstehen wir nicht auch diesen Ordnungen. Natürlich ist das so, nur dass der Mensch in seinem Nichtbewusstsein all zu oft gegen diese Gesetzmäßigkeiten verstößt.
Ja sehen wir denn immer noch nicht, dass diese Verstöße generelle Folgen, nicht nur für unsere Gesundheit, haben!
Muss ich da nicht zurückgreifen auf unser anfängliches Gespräch bezüglich unserer Gedanken?
Unsere Gedanken sind mächtige Schwingungen, die nicht nur unser kleines Schicksal zu ändern vermögen.
Rechte Atmung, rechtes Be- und Entwässern und rechtes Essen gehören in die Grundordnung des Menschen hinein.
Das erfordert ein Denken über das ICH hinaus. Diese Erkenntnis sollte dich dazu befähigen, im DU zu denken. Und was sagt man zu einem solchen Verhalten?
Das ist LIEBE. Ordnung und Liebe sind folglich die Grundforderungen des Lebens. Sie umschließen die drei Säulen der Gesundheit wie eine Zellmembran. Und machen das erst zu einem großen Ganzen.
Mein letzter Rat: „Ordne dich ein und lerne zu lieben!“

***

Das Arme Herz

Wenn ich über die Behandlung von Herzkrankheiten schreibe, bin ich mir bewusst, dass ich mir sowohl die chemische; als auch die biologische Industrie zu erbitterten Gegnern mache: Ich behaupte nämlich, dass nicht einmal zehn Prozent mit deren Arzneimitteln behandelt werden müssten.

Aber auch meinen Kollegen von der Naturmedizin kann ich den Vorwurf nicht ersparen, dass sie in Bezug auf Herz- und Kreislauftherapie wie Schmalspurmediziner agieren. Keineswegs ist es damit getan, Herz und Kreislauf ausschließlich mit Homöopathika zu therapieren. Hier handelt es sich immerhin bloß um andere Mittel, wie Crataegus, Kaktus, Convallaria, Digitales oder Strophathus usw. Sicherlich entsprechen diese Mittel eher dem Grundsatz, so wenig als möglich zu schaden, aber von ursächlicher Behandlung kann doch auch hier in keinem Falle die Rede sein.

Ich behaupte, dass höchstens zehn Prozent der Herz und Kreislauferkrankungen notwendigerweise arzneilich behandelt werden müssten.

Natürlich kann ein Herz schwer erkranken, wenn sein Besitzer auf Grashalmen gekaut hat und sich eine Virusinfektion am Herzbeutel eingehandelt hat. Auch die Psyche kann ein Herz wirklich krank werden lassen, oder es befindet sich ein Loch in der Herzwand.

Warum jedoch fragt keiner nach den sonst häufigeren Ursachen, derer es ein ganze Reihe schwergewichtiger Dinge gibt.

Grob gesehen sind es drei Bereiche, die zur Überbelastung eines Herzens führen dieses schließlich krank machen kann: Luft, Wasser oder andere Getränke und feste Nahrung.

Da beginne ich doch einfach einmal mit der Luft.

Ein Säugling wird geboren. Na, was tut er als erstes: Er atmet!

Die Atmung ist unser UR. Ohne Atmung können wir keine zwei Minuten existieren. Das geht dann so bis zum letzten Schnaufer. So wichtig ist also die Atmung. Und was machen wir hoch zivilisierten, dummen Menschen mit diesem wichtigsten Geschehen? Wir verhindern die volle Funktion, indem wir uns einen Strick, einen Hosenbund, einen Gürtel oder einen Rockbund um die Hüften schnüren. Warum, liebe Kollegen merken sie denn nicht, was Sie da machen.

Warum bitte, ist denn das Zwerchfell der größte Muskel im Körper. Warum ist dieses Zwerchfell eine Kuppel zwischen oben und unten. Doch damit es herauf und herunter geatmet werden kann. Das ist wichtig, weil durch das Zwerchfell zwei so dicke Blutadern ziehen, die Aorta und Vena cava, die ein Lumen aufweisen, das so groß ist als wenn du Daumen und Zeigefinger zu einem Kreis verbindest. Sie sind im Zwerchfell festgewachsen, müssen also immer mit der Atmung mit. Sie sind über dem Zwerchfell deine Handspanne lang und schnurren in ihrem Lumen zusammen wie, wenn du die beiden Endglieder von Daumen und Zeigefinger wegdenkst, weil die beiden Gefäße um zweidrittel ihrer Lange ausgelängt würden.

Hat nicht Kneipp schon deswegen behauptet: Du musst deinen Atem im Genital spüren.

Welch eine riesige Pumpleistung ist das! Eine steinzeitliche Melkmaschine.

Zudem sollte man bedenken, dass unter dem Zwerchfell vier große Tafelschwämme liegen.

Hast du mal einen Tafelschwamm ausgewrungen? Was kam da alles an Dreck und Wasser heraus! Dieser Entgiftungsaktion kann doch keine Lebertherapie mit Arzneien Paroli bieten.

Und welch grandiose Pumpleistung wird dadurch angeboten. Das Herz braucht überhaupt gar nicht zu pumpen, wenn die Atmung recht funktioniert. Lediglich im Liegen ist die Leistung des Herzens gefragt, weil dann das Fallgewicht des Blutes vom Kopf her fortfällt. So viele Kalorien hat das Herz dann allemal zur Verfügung.

Hindere ich jedoch diese Pumparbeit durch enge Kleidung, wird das Herz verurteilt eine Leistung zu erbringen, die es gar nicht tun will und nur sehr mühsam erbringen kann.

Im weiblichen Organismus behält es in der Regel seine Form und wird schneller, um diese Zumutung zu schaffen.

Im männlichen Körper beginnt es sich in der Regel in seiner Not zu vergrößern und wird deswegen langsamer. Natürlich kann das auch zwischen den Geschlechtern umgekehrt sein, nämlich dann, wenn eine männliche Frau oder ein weiblicher Mann Träger des Herzen ist.

Wichtigste Forderung des Herzens sollte heißen: Der Hosen- oder Rockbund, nebst Gürtel müssen so weit sein, dass sie von den Hüften rutschen, wenn sie nicht durch Träger gehalten werden.

Warum wohl laufen in Indien die Mönche immer noch mit Kleidern herum? Natürlich, wenn sie meditieren wollen, müssen sie auch einwandfrei atmen können. Offensichtlich wissen unsere Pastoren und Pfaffen gar nicht mehr, warum sie ihre Soutane tragen. Sie laufen unter dieser sinnvollen Bekleidung inzwischen auch mit Gürtelbundhosen herum.

Bei den Damen ist zusätzlich auch noch der BH und die Schuhmode mit hohen und höchsten Hacken, welche die Wirbelsäule aus ihrer Form zwingen und damit die Nervenversorgung von Herz und Magen entscheidend mindern, hinzuzurechnen.

Zum Thema Luft gehört natürlich auch das Rauchen. Es fehlt mir jedes Verständnis, wenn ein Arzt oder Heilpraktiker raucht. Das ist doch, wie wenn ein Wegweiser in die falsche Richtung zeigt. Inzwischen dürfte hinlänglich bekannt sein, wie schädigend das Rauchen für Herz, Kreislauf und Stoffwechsel ist: Arme Lungen, arme Leber und arme Nieren!
„Wenn ich geraucht habe, kann ich so gut aufs Klo" ist eine der tollen Ausreden. Dabei müsste dieser Effekt eigentlich Hochalarm auslösen; denn der Darm ist durch morgendliches Rauchen so erschreckt, dass er erst mal alles raus wirft, was ihn neben dem Rauch auch noch belasten könnte.
So weit zum Thema Luft, und nun zum Wasser.
Wasser ist unsere Intelligenz. Leider schlägt das bei sehr vielen nicht bis zum Gehirn durch.
Wir bestehen zu fünfundsiebzig Prozent aus Wasser, einem Element, das effektiv gar keines ist.
Wäre Wasser ein Element, müsste es schon bei - 141 Grad Celsius kochen. Tut es aber nicht.
Es müsste seine größte Dichte bei null Grad Celsius haben. Ist auch nicht so. Die größte Dichte liegt glücklicherweise bei siebenunddreißig Grad Celsius, sonst könnten wir gar nicht leben und auch alles, was um uns herum kraucht und krabbelt, nicht.
Unsere Erde tankt zweimal im Jahr Wasser in Form von Weltraum-Eis, einem hoch schwingendem Medium. Doch unsere Wissenschaftler haben das Lebenselixier noch nicht entdecken können. Wahrscheinlich sollten wir uns mit dem Wasser noch einmal näher befassen und nicht nur mit der Formel H^2O. Es wird uns gesättigt mit Weltraumschwingungen serviert und ist notwendig für alle Lebensvorgänge. Was wären Leber, Nieren, Blut und Herz ohne Wasser, um nur die wichtigsten Organe zu nennen. Dieses Wasser versauen wir nicht nur durch Industrie und Chemie, sondern auch mit Hilfe von Getränken wir Bier, Wein Cola, Kaffee, Kunstgetränken und Verunreinigungen von Flüssen, Seen und Leichengifte aus den Friedhöfen.
Der Amerikaner Dr. Ornisch war der erste klinische Arzt, der nachprüfbare Beweise erbrachte, dass Kreislauf und Herzkrankheiten durch Veränderungen im Lebensstil der Patienten, nicht nur einerseits am Fortschreiten gehindert wurden, sondern andererseits auch zum großen Teil rückgängig gemacht werden konnten (Dr. V.Coleman).
Arterienblockaden, Herzmuskelentzündungen, Krampfadern, Hämorrhoiden, Gallenkrämpfe und Magengeschwüre verschwanden.

Natürlich ist eine Operation rentabler, als wenn man dem Patienten seine Selbstheilungskräfte empfiehlt.

Auch die Versorgung des gequälten Herzens mit giftigen Chemotabletten ist, allein wegen garantierter Folgeschäden, einträglicher.

Zumindest möchte ich jedem Patienten raten, ehe er sich einer Herzoperation unterzieht, mehrere Behandler um Rat zu fragen.

Mancher Herzpatient hat seine Störungen am Herzen mit Hilfe von Kneipp Kuren abwenden können. Kneipps Erfolge dürften jedem Behandler bekannt sein.

Aber nicht nur das Wasser äußerlich angewendet hat uns seine Heilkraft bewiesen. Auch innerlich verabreicht gehört es zu den königlichen Heilmitteln, vorausgesetzt es ist auch sauber! Das allerdings ist heute zum großen Problem angewachsen.

Ein sauberes Wasser müsste nach Prof. Vincent einen Ohmwert von mindestens 2 400 aufweisen. Fast alle unserer Mineralwässer liegen erheblich darunter. Unser ostholsteinisches Wasser zeigt fast überall den Wert von einem bis zwei Ohm an. Das bedeutet, dass die Funktion als Müllabfuhr nicht mehr gewährleistet sein kann.

Auch, wenn Volvic mit 12000 Ohm aufwartet, ist das nicht ausreichend. Fachingen liegt bei 320 Ohm, Bismarck leicht dgl. Haderheck hat 24000 Ohm.

Mont Roucou aus Frankreich weist 54 000 Ohm aus. Das sind aber schon seltene Ausnahmen. Letzteres hat schließlich nur die Hälfte seiner Hapten frei zur Bindung von Stoffwechselschlacken.

Einziger Ausweg aus dieser Misere scheint mir dir Umkehrosmose, die Wasser mit fast 100 000 Ohm liefert.

Wasser ist also eines der wichtigsten Medikamente, wenn es denn sauber zur Verfügung steht. Mineralwasser kann diesen Zweck nicht erfüllen, weil es mit Gesteinsabrieb, also Schlamm voll gepackt ist.

Mineralwasser ist folglich kein Wasser, sondern ein Getränk. Es ist ein dreckiges Getränk, zumindest eines, das mit anorganischen Mineralien voll gepackt ist, mit denen unser Stoffwechsel nichts anfangen kann, die sich leider in den Gefäßwänden ablagern und zu einem echten Sklerosepanzer.

Es macht da natürlich keinen Sinn davon, wie klinisch empfohlen, drei Liter zu trinken. Man würde sich heillos verschlammen. Aber auch, wenn das Wasser sauber ist, bedeutet diese Menge von drei Litern eine heillose Überforderung der Patientennieren.

Lasst doch die Kirche im Dorf. Was hat unser Kneipp geraten: Soviel Wasser, als du in Zentimeter groß bist. Also bei der Größe von einem Meter fünfzig ist das eineinhalb Liter H^2O. Das entspricht auch dem normalen Durstempfinden. Zusätzlich sagt Kneipp, darfst du eindrittel dieser Menge als Getränk zu dir nehmen, also in diesem Falle einen halben Liter. Natürlich muss es nicht gerade Kaffee oder schwarzen Tee sein.
Beide Getränke sind für den Kreislauf eines Herzkranken ohnehin untersagt. Nicht nur wegen des Teeins und Koffeins, sondern vor allem wegen der Röststoffe, die unter dem Mikroskop aussehen, wie ein großer Haufen Benzinkanister, in denen eine Handgranate explodiert ist, sollte man von diesen Getränken die Finger lassen. Diese Ungetüme werden von jedem Kohlehydrat und jedem Eiweiß auf den Haken genommen und durch die Darmwand geschleppt. Dabei wird das Organ Dünndarm, erheblich verletzt. Da hier nicht nur der Stoffwechsel stattfindet, sondern auch die gemeinsame Nervenversorgung von Herz, Magen und Dünndarm durch den Parasympathicus, sind diese Getränke, eigentlich ohnehin generell verboten. Cola, alle kohlensäurehaltigen Getränke und alle so genannten Kurzen sollten als absolutes Verbot in ein Therapiekonzept gehören.
Und nun wäre die materielle Seite einer vernünftigen Lebensumstellung ohne Medikamente zu erörtern.
Die feste Nahrung teilen wir ohnehin in drei Großgruppen ein: Kohlehydrate, Eiweiße und Fette.
Da hat es in Amerika einen außerordentlich tüchtigen Landarzt gegeben, ein Dr. Hey. Seine Erfahrungen hat er als ‚Trennkost' niedergelegt: Sie besagt weiter nichts, als dass man niemals tierische Eiweiße in Verbindung mit Kohlehydraten genießen sollte. Ich kann nur Unverständnis dafür aufbringen, dass diese Kostform in Verruf geraten ist. Die Erfolge bei der Behandlung von Herz- und Kreislauferkrankten sind Aufsehen erregend. Und nicht nur dort.
Vielleicht haben die Behandler vergessen, was Jesus zu den Kranken gesagt hat: Wie wollt ihr lebendig bleiben, wenn ihr tote Nahrung esst.
Das hat Dr. Hey wahrscheinlich als selbstverständlich vorausgesetzt.
Kneipp hat eine weitere goldene Regel aufgestellt: Fleisch oder Fisch oder Eier, höchstens einmal die Woche, mindestens einmal im viertel Jahr. Je seltener, je besser. „Wovon soll ich denn satt werden", stöhnst du, ehe du das alles probiert hast. Ich frage dich, welches Auto fährst du, und sage dir, du solltest deinen PKW mit Ersatzteilen für einen Lastwagen dachrandvoll laden, von denen du für dein Auto lediglich zwei Schrauben brauchen

kannst. Unweigerlich würde dein Auto in die Knie gehen. Für dein Auto brauchst du morgens Benzin, mittags vielleicht Ersatzteile und abends fährst du ihn in die Garage. Was sagt Kneipp dazu? Morgens wie ein Kaiser (Kohlehydrate), mittags wie ein König (Eiweiße) und abends wie ein Bettelmann, und der geht meistens hungrig ins Stroh(nichts!).
Bitte betrachte einmal die chinesische Organuhr: $15^{\circ\circ}$ - $17^{\circ\circ}$ Uhr Blase; $17^{\circ\circ}$ - $19^{\circ\circ}$ Uhr Nieren. Das sind beides Ausscheidungsorgane, was sollen die mit Nahrung?
Dann folgt $19^{\circ\circ}$ - $21^{\circ\circ}$ Uhr Kreislauf, $21^{\circ\circ}$ - $23^{\circ\circ}$ Uhr 3E (Hypophyse), was sollen diese beiden mit Nahrung? Alle vier beschäftigen sich mit Hormonproduktion. Was um Himmels willen mutet man denen in der Regel heute zu! $23^{\circ\circ}$ - $1^{\circ\circ}$ Uhr ist dann die Galle dran und danach folgt die Leber von $1^{\circ\circ}$ - $3^{\circ\circ}$Uhr. In dieser Zeit hat der Stoffwechsel ja wohl alle Hände voll zu tun, um die vom Vortag aufgenommene Nahrung zu verarbeiten und Gifte auszuscheiden.
Unser Stoffwechsel ist wie einer Fabrik organisiert, nur noch viel diffiziler. Wer glaubt im Ernst, dass wir dieser Bio Logik ohne negative Folgen entrinnen können. Ich nenne das Traumtänzerei.
Noch etwas spielt für den Kreislauf und den Herzkranken eine ganz entscheidende Rolle: Die Pflege des geistigen Gefüges im Menschen. Das Modewort heißt Stress. Früher sagte man Überspannung.
Liebe Kollegen, lehren Sie ihren Patienten wieder fröhlich und ohne Jagdfieber nach immer noch mehr Materie und Geld zu leben. Jeder ist doch nur auf dieser Erde, um zu lernen, um Mensch zu werden. Was ist denn Zeit, die ihre Patienten vorgeben, nicht zu haben? Was ist Materie? Nichts, absolut nichts.
Vergrößere einen Atomkern aus deinem Kleiderschrank auf die Größe einer Backerbse. Weist du wie weit du suchen musst, um das nächste Elektron zu finden. Du könntest es in zwanzig Kilometern Entfernung in Größe eines Reiskorns suchen und würdest es wegen seiner großen Geschwindigkeit dennoch nicht finden.
Sieh lieber die Wunder dieses Lebens: Eine blühende Blume am Wegesrand zum Beispiel. Gewöhne dich daran, beim Frühstück und beim Mittagessen „danke“ zu sagen, denn was isst du da: Leben, reine Energie, reine Lebensenergie.
Befreie dich vom Stress. Fertige eine Liste von allen Aktivitäten und Verpflichtungen an, die dir Stress verursachen und strebe systematisch eine neue Einordnung an, die du schriftlich immer mit eingestreuten Pausen

planst. Schließlich mache Entspannungsübungen, die du täglich zweimal in fünf bis zehn Minuten zu absolvieren hast.
Denke an alle die Probleme von Kleidung, Nahrung Wasser und geistiger Konzeption.

***

Was bedeutet Dir

Deine Atmung

Lieber Leser, du begibst dich in ein Thema, dass tief ins Persönliche hineinreicht. Deswegen nehme ich es mir heraus, dich weiterhin mit ‚du' anzureden.

ATMUNG, na und?

Du wirst mir entgegenhalten, was das denn eigentlich soll. Natürlich atme ich, was soll daran so besonders sein.

Ich glaube es dir, dass du daran nichts Ungewöhnliches findest. Aber sieh doch mal: Findest du es nicht merkwürdig, dass dein Leben mit dem ersten Atemzug beginnt und mit dem Letzten beendet scheint. Dazwischen hast du keine zwei Minuten, ohne atmen zu müssen.

Dursten kannst du sieben Tage ohne zu sterben und Fasten kannst du sogar acht Wochen.

Aber es gibt sogar noch mehr sonderbare Dinge, die mit der Atmung zusammenhängen. Du machst, zum Beispiel, in deinem ganzen Leben keine zwei identischen Atemzüge. Jeder hat seinen eigenen Fingerabdruck.

Hast du schon einmal darüber nachgedacht, wie die Atmung eigentlich funktioniert?

Ach ja, in der Schule hast du mal etwas von der Atemmuskulatur gehört. Na klar, damit ist für dich der Fall sonnenklar, aber genau hier fängt das Wunder der Atmung an.

Die Zwischenrippenmuskulatur ist in Wirklichkeit nur eine ziemlich kümmerliche Hilfsmuskulatur, die alleine hilflos wäre, wenn da nicht noch der größte Muskel des Körpers diese Arbeit leisten würde. Nein, nein, nicht doch, natürlich meine ich nicht die Pobacken. Sie sind zwar auch sehr mächtig, haben aber natürlich nichts mit der Atmung zu tun.

Nein es gibt da noch einen wesentlich größeren Muskel, den du nur nicht sehen kannst.

Ich meine das Zwerchfell. Es trennt effektiv den ganzen Rumpf in zwei Teile, in oben und unten. Zwei dicke Blutgefässe, ziehen sich nach unten zur Versorgung des unteren Körpers mit Blut hindurch. Sie sind so groß, wie als wenn du Daumen und Zeigefinger zum Kreis zusammenfügst.

Diese beiden Blutschläuche sind im Zwerchfell festgewachsen und, weil das Zwerchfell bei jedem Atemzug so viel nach unten geatmet werden sollte, wie eine Speckfalte über dem Bauchnabel ausmacht, würden die Adern um so viel in die Länge gezogen werden wie diese Speckfalte. Das ist etwa zweidrittel der Läge dieser beiden Blutschläuche oberhalb des Zwerchfells. Die Aorta und die Vena cava, so heißen diese beiden Gefäße, sind nämlich oberhalb deines Zwerchfells eine Handspanne in der Länge. Wenn sie um

zweidrittel ihrer Länge ausgedehnt werden, schnurren sie in ihrem Lumen so viel zusammen, wie wenn Du von Daumen und vom Zeigefinger das letzte Glied wegdenkst und nun damit einen Kreis bilden würdest.
Der Liebe Gott hat sich diese steinzeitliche Melkmaschine ausgedacht, einfach und genial!
Doch offensichtlich hat er nicht mit der Dummheit der Menschen gerechnet. Und deswegen eben nicht genial genug.
Mit jedem Atemzug würde also das gesamte Blut des Menschen im Kreislauf herumgepumpt.
„Ist ja gar nicht nötig, dazu ist ja das Herz da", sagst du.
Gewiss, das habe ich auch einmal gelernt; leider stimmt das überhaupt nicht. Nur wenn du nicht eine gute Zwerchfell- oder Bauchatmung betreibst, muss das Herz etwas leisten, wofür ihm effektiv die Kraft fehlt. Die Folgen kennen wir zur Genüge. Das Herz wird krank und müde. Es wehrt sich, indem es sich beim Mann vergrößert und langsamer schlägt, bis der Infarkt dem Spiel ein Ende bereitet.
Bei der Frau wird es schneller und immer schneller, dafür achtet es weiter auf seine gute Figur. Auch hier ist die Herzkrankheit das Ende der Entwicklung.
Jetzt fragst du mich, wieso das nicht von alleine klar geht.
Fast jede Herzkrankheit hat nur einen einzigen Grund, und der besteht darin, dass der Mensch sich Gürtel Hose- und Rockbunde um den Leib schnürt. Damit verhindert der Mensch eine tiefe Bauchatmung. Bedanke dich bei all den schlauen Modemachern, die solche falschen Schönheitsideale per Fernsehen, bunter Presse und Kinoprogramme in die Bevölkerung projizieren; und alle, alle fallen darauf herein.
Bei Frauen spielt außerdem auch noch der BH eine große Rolle. Er staut zusätzlich unendlich viele Lymphwege ab und macht die Brust schwer und zur Jauchegrube.
Sage selbst, konnte der Liebe Gott mit so viel Ignoranz rechnen? Mit der Atmung hängt jedoch nicht nur die Herzarbeit zusammen.
Bitte stell dir vor, du müsstest einen Tafelschwamm auswringen. Was käme dabei alles heraus? Nicht nur Wasser, auch eine Menge Dreck und Tafelkreide wäre dabei. So sieht das auch unter dem Zwerchfell aus. Unter ihm sitzen die Leber, die Milz, die Bauchspeicheldrüse und der ganze Dünndarm, der immerhin mit seiner Oberfläche von der Größe eines Fußballfeldes ist. Außerdem befinden sich hier das bisschen Dickdarm und die

Unterleibsorgane von Frau und Mann. Alles das soll von der Atemtätigkeit durch diese natürliche Wringmaschine entgiftet werden.
Geschieht das nicht, kannst du dir sicher vorstellen, dass sieben große Krankheitsgruppen im Organismus zu erwarten sind. Das geschieht nun je nach Menschentyp bei dem einen hier und bei dem anderen dort, etwas mehr oder weniger.
An erster Stelle steht natürlich immer das Herz.
Das Herz hat von der Natur so viele Kalorien mitbekommen, dass es die Pumparbeit leisten kann, die notwendig wird, wenn der Mensch sich in die Horizontale begibt. In dieser Lage fällt nämlich das Fallgewicht der Blumenge fort, das in der Senkrechten vom Kopf zum Herzen zurückfließt. Diese Arbeit ist folglich für den Kreislauf vorgesehen.
Nicht jedoch vorgesehen ist, dass das Zwerchfell in seiner Pumparbeit in der Senkrechten ausfällt. Die nun anfallende Menge an Arbeit lässt das Herz schier verzweifeln. Die Blutgeschwindigkeit verlangsamt sich, was auf die Motilität der Gefäßwände und auf die Muskulatur des Herzen Auswirkungen hat. Das kann zu Herzinfarkt, Arteriosklerose und Venenschwäche in Form von Hämorrhoiden und oder Krampfadern führen. Das sind dann die unmittelbaren Folgen.
Dabei sei angemerkt, dass nach modernster Auffassung der Infarkt keineswegs ein Geschehen der Herzkranzgefäße ist, sondern eine Erkrankung des Herzmuskels. Dies ist leicht und deswegen wirksam behandelbar mit Strophanhus D4, kombiniert mit Apozynum D 3.
Die Leber, ich habe es schon angesprochen, ist unsere große Baustofffirma, unser Entgiftungsorgan und unsere Stoffwechselzentrale. Was veranstalten wir denn da im Bauch, wenn wir dieses Organ nicht durch die Atmung all seiner Produktionsabfälle entsorgen? Leberstau, Reaktionsschwäche dieses Organs, das schließlich im Rücklauf des Kreislaufsystems liegt, sind nur einige Auswirkungen.
Tritt da ein Stau auf und ist nicht durchgängig, kommt es natürlich zu Störungen in den Beinvenen oder dem Venenkomplex um die Afteröffnung herum. Hämorrhoiden nennt man das dann. Außerdem kommt die gesamte Produktion von Abwehrstoffen und von Baustoffen wie Cholesterine, Lipide und Triglyzeriden ins Wanken.
Wenn wir dieses arme Organ dann auch noch mit Röststoffen, Alkohol, Milch, Käse, Quark, Yoghurt und Kristallzucker beschießen, kommt die Frage auf, wie wir uns dann noch gegen auch nur geringen Viren- oder Bakterienbefall zur Wehr setzen sollen? Nun noch ein Amalgamchen oben

drauf oder Schweinespeck: Na bitte, besser können wir uns gar nicht kränken.

Wenn dann auch noch die Venen an den Beinen operiert werden, nimmt man dem Kreislauf den notwendigen Querschnitt fort, so dass man hinterher nicht weis, wo sich die nächste Stauung bilden wird, etwa als Aneurysma im Bauch oder im Hals; Eitelkeit, die mit höchster Lebensgefahr bezahlt wird.

Nicht minder wichtig ist die Funktion der Milz. Sie ist zu verstehen als Müllverbrennungsanstalt für verbrauchtes Blut. Aus unseren Müllentsorgungskrisen können wir sehr gut verstehen, was passiert, wenn die Müllberge unverhältnismäßig wachsen. Wohin mit dem Schaden!

Ja, bitte wohin. Der Organismus stopft diese Lasten irgendwo abseits der großen Verkehrsstraßen, zum Beispiel in die Gelenke, an die Wirbelsäule, in die nicht so häufig beschäftigte Muskulatur, die Füße, oder die Hände und die Schultern. Das heißt dann so harmlos Rheuma. So kann etwa auch eine Herzmuskelentzündung entstehen. Unheilbar?

Die Bauchspeicheldrüse liegt eng angelehnt an die Milz. Sie ist aber effektiv ein Organ für sich, auch wenn man immer von beiden in einem Atemzug spricht.

Die Pankreasdrüse hat grob gesehen zwei wichtige Funktionen: Einerseits die Produktion von Insulin, notwendig zur Zuckerverdauung, und andererseits die Herstellung von Fermenten zur Fettverdauung.

Beides ist für unser Wohlbefinden außerordentlich wichtig. Natürlich sind beide Organe auf eine erstklassige Abfuhr von Produktionsmüll angewiesen. Kann die nicht so recht mithalten, droht Fettsucht oder/und Diabetes. Beides ist hinlänglich bekannt. Dass man an Diabetes ganz schnell einmal ins Jenseits befördert werden kann, wissen die meisten jedoch nicht. Es ist aber trotzdem so.

Der Dünndarm besteht aus drei Abschnitten, dem Duodenum oder Zwölffingerdarm, dem Jejunum oder Leerdarm und dem Ilium oder Krummdarm. In diesem Bereich findet der Stoffwechsel statt. Wie in einer Fabrik wird hier der zugeführte Rohstoff aufgeschlüsselt, verarbeitet und vom nachbleibenden, groben Müll getrennt.

Wie ich schon gesagt habe, ist die Oberfläche des Dünndarm mit der Größe eines Fußballfeldes zu vergleichen. Seine Verkehrswege, sprich Durchblutung, besitzen höchste Priorität, weil sonst alles ins Stocken geraten würde. Ich halte es deswegen für das wichtigste Organ, ohne das unser Leben als Säugetier nicht denkbar wäre.

Selbstverständlich ist aus diesem Grunde auch die notwendige Durchblutung von gleicher Dringlichkeit. Atmest du jedoch nicht ausreichend, kann weder eine ordnungsgemäße Produktion vonstatten gehen, noch ist eine Entsorgung anfallender Schlacken möglich.
Stauungen bedeuten praktisch eine ständige Selbstvergiftung.
Das Herz kann keine Kraft entwickeln, wie auch die ganze Muskulatur an Mangel leidet. Die Venen schwellen an und Krampfadern entstehen. Rückstau zum Kopf führt zu Kopfschmerzen und schlecht durchbluteten Extremitäten. Rheuma entsteht und Müdigkeit am Tage läst in der Nacht wach liegen. Viele Krankheiten, die ich gar nicht alle aufzählen mag, haben hier ihre Ursache.
Und vor allem das, was uns am meisten Sorgen bereitet, die Abwehrschwächen treten auf.
Ich kann Dir nur nochmals wiederholen, Krebs, AIDS; Polio, Virusgrippen: Alle haben Chancen, um sich zu etablieren. Natürlich überschneiden sich die Schwächen von allen Organen und überlagern sich zu mehr oder minderer Krankheitsintensität. In jedem Fall gibt der Patient seinem Behandler ein siebenfaches Kreuzworträtsel auf. Und nur ursächliches Denken lässt die Lösung zu.
Der Dickdarm ist in gewisser Weise Prügelknabe unserer Ernährungsfehler. Allerdings leidet auch er durch den Mangel einer durchgehenden Tief- oder Bauchatmung.
Du hast Dich sicher schon einmal massieren lassen und bist wohlig hinterher vom Massagetisch aufgestanden. So geht es dem Dickdarm oder Kolon. Seine muskuläre Durchblutung ist natürlich genau so leistungssteigernd, wie eine äußere Muskelmassage.
Allerdings will ich nicht verschweigen, dass eine falsche Ernährung ohne Belastungsstoffen oder Ballaststoffen das Kolon gleichfalls faul werden lassen. Meistens kommt jedoch beides zusammen.
Eine ungestaute Durchblutung ist selbstredend wichtig und würde durch eine gut funktionierende Bauchatmung, wie sie heute in der Fachsprache heißt, weitgehend aufrechterhalten. Leider existiert in der Regel nur dieser wunderbare Name. Die Folge fehlender Durchblutung ist wiederum die Schwächung der Abwehrkraft des ganzen Menschen.
Die Unterleibsorgane beider Geschlechter sind ebenfalls betroffen, wenn die Bauchatmung vergessen wird. Sicher ist der Atemmangel eine gravierende Ursache für Frigidität, Impotenz und Sterilität. Auch hier beweist es

sich, dass die Reaktionsfähigkeit aller Organe immer wieder abhängt von der Atmung.
Die mangelnde rhythmische Versorgung mit Nährstoffen und die mangelhafte Entsorgung von Giftstoffen hängen natürlich überwiegend mit der Atmung zusammen. Die Natur arbeitet immer nach einfachen und logischen Prinzipien, von denen alle Regierungen der Welt sich eine Menge abgucken könnten. Leider orientieren die sich jedoch offensichtlich an den Fehlern der meisten Menschen.
Prostatitis, Hodenbeschwerden, Uterusleiden und Eierstockleiden, hängen letztendlich nicht nur von der Durchblutung ab, sondern auch von der Durchflutung mit Lymphe und Hormonen.
So ist der gesamte Hormon- und Lymphhaushalt weitgehend von der Atmung abhängig, zumal diese Säftefluktuation über keinerlei muskuläre Antriebe verfügt. Wieder ist Abwehrschwäche eine logisch fatale Folge. Das gilt für alle schon besprochenen Organe in gleichem Maße.
Die Wirbelsäule ist die Zentrale für alle Nervenleitungen zu den Organen. Die Elastizität der Wirbelsäule zeigt sich ganz besonders deutlich bei alten Menschen, die in immer mehr gebeugter Haltung und immer schlechterer Atmung vegetieren. Dabei ziehen sie das ganze Spektrum an Alterkrankheiten an. Ist es da ein Wunder, wenn sehr häufig die Lungenentzündung als Ende eines Lebens bei alten Menschen zu verzeichnen ist.
Vielen Patienten zeige ich, wie sie mit Hilfe der Atmung ihren Wirbelsäulenschäden her werden und in nicht all zu langer Zeit wieder zur Normalhaltung zurückkehren können.
So ist es zum Beispiel bei Spondylosen und Keilwirbeln des Morbus Scheuermann. Sie sind durch Atemtherapie wieder aufzubauen. Selbst Frakturschäden lassen sich teilweise mit Hilfe der Atmung regulieren und wieder reparieren.
Weil die Wirbelsäule durch Haltungsschäden die Nervenversorgung aller Organe zu beeinflussen vermag, sind die daraus entstehenden negativen Impulse zusätzliche Funktionsschwächen der jeweils betroffenen Organe.
Alle diese Blockaden bewirken, ganz gleich in welchem Organ oder Körperteil sie auftreten, eine Gesamtkatastrophe für den Flüssigkeitshaushalt.
Bitte bedenke, dass der Mensch so zwischen siebzig und achtzig Prozent aus Wasser besteht, und wenn das nicht zu fließen vermag, bedeutet das wiederum eine gesamte Schwächung des Immunsystems.

Außerdem sollten wir Menschen versuchen, zu begreifen, dass sowohl die Atmung, als auch das Wasser für unser Leben Grundbedürfnis Numero eins ist.
Die Wissenschaft hat zwar bislang nicht vermocht, das Leben zu definieren. Unsere einfachste Erfahrung weist uns jedoch den Weg zur Erkenntnis, wo das Geheimnis des Lebens zu suchen ist.
Seit wir Berichte aus der Geschichte der Menschheit haben, wird uns ständig vor Augen gehalten, dass Meditation in dieses Geheimnis hineinführt.
Nicht umsonst ist die Meditation in den letzten hundert Jahren von der Wiege der Menschheit zu uns herübergeschwappt, wo sie nach wie vor dort in voller Blüte besteht.
Die Atmung ist etwas, das dem Lebewesen schlechthin Schwingungen vermittelt, die wir bislang nur noch nicht mit unseren groben, technischen Messmethoden haben nachweisen können.
Es ist nicht lange her, als ein Apotheker mich ausgelacht hat, als ich ihm von Schwingung in der Homöopathie erklären wollte. Als ich ihm vorgehalten habe, dass er während der Tschernobyl - Katastrophe Angst vor Atomenergie gehabt habe, sei seine Angst vor Radioaktivität in einer homöopathischen Potenz von einer D 100 000 000 gewesen, da wurde er doch nachdenklich.
Alles ist Schwingung, auch im Wasser und damit in unserem ganzen Lebensprozess. Aber auch wenn du deinen Stuhl, auf dem du sitzt, anschaust, ist er weiter nichts als Schwingung.

Abschließend sei gesagt:
Die Atmung ist die Direktverbindung zu dem, was uns leben lässt. Mit der Atmung könnten wir uns folglich ohne Zwischenstation, mit dem, was wir Gott nennen, unterhalten.
Das, mein Lieber, ist echte Meditation. Allerdings solltest du dazu wissen, dass diese Atmung nicht nur ein Rein - Raus - Mechanismus ist, wie sie heute durch unsere hetzige Zeit diktiert wird. Sie ist dreiteilig! Einatmung – Ausatmung -- Pause. Diese Pause ist es, die wir heiligen sollten. Sie ist das Telefon zu Gott.
Die Atempause ist kein Atem anhalten. Es handelt sich dabei um ein natürliches Innehalten, das sich automatisch verlängert, wenn du Gedanken an das Wunder Leben hegst und pflegst.

Es wäre falsch zu sagen, dass man das üben kann. Dennoch handelt es sich um die Übung, sich gedanklich mit diesem großen Komplex zu beschäftigen. Man nennt das Kontemplation. Ich vergleiche das gerne mit dem Akt des Schreibenlernens. Du denkst nicht ständig: „Ich will Schreiben lernen" Du denkst auch nicht ständig ‚a', b' oder andere Buchstaben, und ehe du einen Liebesbrief verfassen kannst, vergehen etliche Jahre.
Bist du schließlich in der Lage, ein Liebesgedicht zu verfassen, denkst du erst recht nicht mehr ans Schreiben. Wann hast du das erste Mal in deinem Leben eine echte Meditation erlebt? Bis dahin hast mittels Disziplin Kontemplationen geübt.
Ja, warum konntest du diesen wundersamen Zustand nicht festhalten.
Dieser Zustand ist nicht weit fort von dir. Jederzeit hast du die Möglichkeit ihn neu zu erwecken. Du musst nicht neu verliebt dazu sein. Du braucht lediglich in der Atempause lauschen und deine Empfindung im Bewusstsein zulassen.
Du wirst bemerken, dass sich dir in der Atempause etwas nicht Beschreibbares anlegt und mit der Einatmung in dich hineinströmt. Mit häufiger Wiederholung wirst du sogar entdecken, dass du ein leises Rauschen im inneren Ohr vernimmst. Das ist etwa vergleichbar mit dem Rauschen eines Radiogerätes, wenn gerade keine Sendung zu vernehmen ist.
Du hast das Rauschen im Radio schon gehört? Na ja, dann weißt du ja, worauf zu achten ist.
Wenn du nun weiter denkst, wirst du mir sagen, dass die Musik ja eine Extraschwingung ist. Nein, das stimmt nicht ganz. Diese andere Schwingung wird vom Radiosender auf die Grundwelle aufgeschrieben. Und so ist das auch mit der Meditation. Du kannst auf diese Grundwelle deine Gedanken aufprägen. Das kann jetzt ein Gebet sein, das kann aber auch irgendetwas Wichtiges sein, was du Gott fragen möchtest. Umgekehrt wird dir Gott antworten, wenn es sich als notwendig herausstellen sollte.
Voraussetzung für eine kontemplative Atmung ist jedoch nicht die Atemübung. Wenn ich bedenke, dass du in deinem ganzen Leben keine zwei identischen Atemzüge tust, so musst du zugeben, dass eine Atemübung niemals ihren Zweck erfüllen kann.
Voraussetzung, wie wir schon festgestellt haben, ist eine tiefe, gute Bauchatmung, die natürlich nur funktionieren kann, wenn Gürtel und Hosen- und Rockbund einem Trägerpaar gewichen sind. Ist diese Bedingung erfüllt, dann kannst du wirklich erst den Weg zu einer Normalatmung finden.

Wenn du des Abends in deinem Bett liegst, spreize alle Viere von dir und stelle dir vor, du lägest in einer blühenden, duftenden Blumenwiese in der Sonne, so richtig gelöst und glücklich.
Erst wenn du diesen Zustand erreicht hast, darfst mit deinen inneren Ohren deinem Atem ganz heimlich lauschen.
Bitte wirklich ganz heimlich, weil der Atem effektiv ein unterbewusstes Geschehen ist, das sich nicht gerne belauschen lässt.
Wirklich erst dann erfahre, was dein Atem möchte. Erst nach fünf bis sieben Malen stellt sich ein tiefer, aufregend vibrierender Atemzug ein. Nun hast du gewonnen!
Du hast dir ein unterbewusstes Geschehen, ein Atemerlebnis, bewusst werden lassen, und nun nimm es mit in den Schlaf, damit das bewusst gewordene Unterbewusste neu ins vegetative Geschehen eingespeichert werden kann.
Klingt ein wenig kompliziert; aber anders geht es nicht.
Jetzt erst hast du praktisch deinen Weg in die Meditation eröffnet, ob du sie nun vertiefen möchtest, ist natürlich deine Entscheidung.
Zum Mindesten ist dir ebenso der Weg für eine gesunde Atmung und damit zu deiner Gesundung schlechthin frei geworden.

***

AIDS

Das verkannte Problem

Dieser Bericht ist vor zwanzig Jahren durch Erfahrungen mit neun AIDS - Kranken entstanden, von denen nur einer gestorben ist. Mit dem Blut dieses Mannes habe ich mich seiner Zeit geimpft. Ich lebe immer noch!
Die Diskussion über Wert oder Unwert der Naturheilkunde hat längst ihren Höhepunkt überschritten.
Sie ist mehrheitlich durch den Patienten, weniger jedoch aus dem Lager der etablierten Medizin entschieden worden. Ich entdecke jedoch immer häufiger, dass auch Ärzte klamm heimlich Naturheilmittel in ihre Therapie einfließen lassen.
Leider muss man feststellen, dass über die medizinische Industrie versucht wird, das Angebot natürlicher Arzneimittel zu drosseln. Tausende solcher höchst wirksamen Mittel sind dem Naturheiler mittlerweile verloren gegangen.
Dennoch ist es bisher gelungen, immer wieder neue natürliche Heilwege aufzutun.
Ein weiteres großes Problem ist die Arzneimittelindustrie bezüglich ihres Einflusses auf die Verordnungstendenz der Ärzteschaft. Eine dadurch entstandene Abhängigkeit hindert weitgehend deren Therapiefreiheit.
Die große Frage, die gestellt werden muss, ist jedoch, wie sich ein Arzt noch Gedanken über Ursachen von Krankheit machen kann, wenn ihm diese Freiheit nicht mehr zur Verfügung steht.
Das betrifft ein ganz großes Spektrum von Symptomen wie Herzinfarkt, Asthma, Kopfschmerz, Rheuma, Epilepsie und viele andere mehr.
Und da wäre nun das große Thema AIDS.
Abgesehen davon wird Aids immer in Verbindung mit dem HIV-Virus gebracht, was in keinem Falle richtig sein kann. Denn du und ich, und jeder andere, kann HIV - positiv sein, ohne dass wir das wissen und nachweisen könnten.
Dieser Virus gehört zu unserer Zivilisation, wie etwa ein Tuberkel Bazillus.
Die Industrie diktiert jedoch: Virus und Aids gehören zusammen, denn wir liefern dafür sehr teure Arzneimittel, die AIDS hinhalten sollen. Leider zerstören jedoch diese Medikamente innerhalb von zwei Jahren alle Blutbildungsstätten des Menschen. Diese zwei Jahre werden dem Patienten immerhin geschenkt. Und nun kann man dann behaupten: Das war wirklich AIDS. Daran ist er nun gestorben. Oder ist er nicht doch an den hoch giftigen Medikamenten zu Grunde gegangen?
Ich selbst habe mich vor dreiundzwanzig Jahren mit dem Blut eines todkranken AIDS - Patienten geimpft. Mein Gesundheitszustand ist absolut

stabil geblieben. Mir war das Beweis genug, dass wir, was mir vorher schon Gewissheit war, von der AIDS- Forschung belogen werden.
Sehr merkwürdig ist es indessen, dass Aids fast ausschließlich in bestimmten Bevölkerungskreisen auftritt. Man fragt sich dann doch, woher der HIV-Virus wohl weiß, zu welchen Bevölkerungskreisen er zu marschieren hat?
Ebenso merkwürdig scheint es mir, dass in Afrika eine völlig andere Form von AIDS diagnostiziert wird, wobei es auffälligerweise kaum noch Hungertote gibt.
Geradezu ein Witz scheint mir der so genannte ‚Saver Sex'. Man tut gerade so, als ob ein Virus gar nicht durch die Wände des Präservativs hindurch schlüpfen könnte. Eine solche Vorstellung ist geradezu absurd.
Was also ist die Ursache? Eine Frage, die jeder Therapie vorausgehen sollte.
Also, du kommst zu mir und beklagst dich, du hättest Aids. Hast du schon einmal davon gehört, dass es nichts gibt ohne Ursache. Hast du selber schon einmal geforscht, warum du AIDS hast?
Ist dir eigentlich gar nicht bewusst, dass die Form deiner Lebensführung Ursache für deine Erkrankung sein könnte?
Nach meiner Erfahrung kann ich dir nur raten, dass du diese absolut ändern musst, wenn du eine Chance haben willst, dieses Leiden zu überwinden.
Hast du dazu nicht den Mut und den Willen, so wirf diese kleine Abhandlung in den Müll. Sie ist nur für mutige und mündige Patienten gedacht, die bereit sind, sich dem Problem ernsthaft zu stellen.
Bist du jedoch entschlossen, um dein Überleben zu kämpfen, dann befolge meine Ratschläge peinlichst genau. Nur dann hast du deine Chance.
Du wirst im Laufe dieser Abhandlung kein Wort der Kritik an deinem bisherigen, persönlichen Verhalten finden. Ich will nicht dein Richter im Sinne des Verurteilens sein. Versuche jedoch das Wort ‚Richter' im Sinne des Ausrichtens zu verstehen. So werde ich versuchen, dir eine neue Richtung zu vermitteln.
Schuld ist ohnehin ein zeitgebundenes Synonym. Schon Jesus hat das zum Ausdruck gebracht, als er sagte: „Wer ohne Schuld ist, hebe den ersten Stein."
Schuld bedeutet einzig die bewusste Schädigung eines Anderen, aber auch die Schädigung seiner selbst wider besseres Wissen!
Was du brauchst, ist nicht Schuldbewusstsein, sondern höchste Selbstdisziplin und das Wissen um Liebe und Freiheit.

Lieber Freund, man hat dir gesagt: „Du hast AIDS.“ Damit fühlst du dich in einen Käfig gesperrt.
Viele gut gemeinte Ratschläge über Kondome und Übertragungswege sind dir präsentiert worden.
Vergiss sie! Sie komplizieren dein Leben und machen es wertlos. Jedes Leben aber ist das höchste Gut.
Natürlich nützt dir das nichts mehr, und du fühlst dich zudem von einem Großteil der Gesellschaft gemieden und sowieso zum Tode verurteilt.
Folgen wir zunächst einmal der klinischen Diagnose: Du seiest von Viren befallen, die dich deiner Abwehrkraft berauben und unaufhaltsam zum Angriff auf dein Leben ansetzen.
Lass dir bitte in Erinnerung rufen, dass vor noch gar nicht langer Zeit, ein gleich großer Zirkus um die Tuberkulose gemacht worden ist.
Die Pest, die Ruhr, die Kinderlähmung, der Krebs; sie alle sind Krankheiten, an denen man sterben, aber auch genesen kann.
Immer hat es Menschen gegeben, die gegen alle diese Erkrankungen immun waren, obgleich sie mitten unter Erkrankten gewandelt sind.
Krankheit ist nicht eine Sache der Infektion, sondern der Abwehrschwäche.
Du kannst auch an dem Angriff deiner eigenen Bakterien erkranken und sogar sterben. Man nennt das zwar dann eine Erkältung, aber im Grunde bist du nur anfällig gewesen, weil dein eigenes Körpermilieu nicht mehr abwehrfähig war.
Die Frage steht also im Raum, warum das so ist.
Eigentlich müsste man fragen, ob es überhaupt Krankheiten gibt. Im Grunde haben sie fast alle den gleichen Hintergrund.
Natürlich muss sich dann die weitere Frage gestellt werden: Ob es überhaupt jemals Heilmittel gegen Krankheiten gegeben hat.
Meine Antwort lautet: Nein. Heilmittel sind zu tausenden im Angebot, die ihre erste Vorsilbe eigentlich nicht verdienen, weil sie lediglich Symptomkiller sind.
Ein Heilmittel hat nur dann seinen Namen zu Recht verdient, wenn es als Ziel die Aktivierung der eigenen Körperabwehr hat.
Nur die im Organismus vorhandenen Bildeskräfte, die jeder Zelle innewohnen, sind in der Lage in die Gesundheit zurück zu führen.
Bis heute ist es der medizinischen Wissenschaft nicht im Entferntesten gelungen, diese zu beschreiben. Noch hat es die Medizin geschafft, sie zu imitieren, geschweige denn sie zu ersetzen.

Letzteres bleibt dann wohl einer Etage höher vorbehalten, nämlich der Schöpfung.
Begreife also dein Schicksal, und dazu gehört entscheidend dein Lebenswandel.
Das umfasst zwei wichtige Aspekte. Im Wort Lebenswandel sagt die zweite Silbe etwas von wandeln. Das drückt überdeutlich aus, dass dein Leben jeden Augenblick dem Wandel unterworfen ist.
Alle viertel Jahr ist in etwa dein gesamter Habitus erneuert, so, wie du da sitzt und liest. Nicht eine einzige Zelle, die vor diesem Zeitraum in dir war, ist noch die gleiche.
Ist das nicht ein Wunder?!
Und da folgt gleich die nächste Antwort auf dein Schicksal: Wir sind umgeben von Wundern.
Eines davon ist die Zeugung durch deine Eltern. Deine Geburt, dein Heranwachsen, unter welchen Umständen auch immer dies erfolgt sein mag.
Du vermagst mit deinen Augen zu sehen, mit deinen Ohren zu hören und mit deinen Händen zu fühlen.
Wenn du es wolltest, wärest du sogar im, Stande zu lieben. Was hast du bloß aus all diesen Wundern gemacht? Haben dir davon deine Eltern wirklich gar nichts vermittelt.
Wird dir in deiner Not erst jetzt gegenwärtig, dass du völlig unvorbereitet auf deinem Schicksalsweg, vielleicht sogar unvorbereitet, vor deinem Problem stehst.
Lass dir dazu von mir sagen: „Zu jeder Zeit lässt sich jeder Zustand wandeln. Du musst es nur wollen!“
Fast jedem Menschen ist ein völlig intaktes Lebens - und Abwehrschema mit auf den Weg gegeben worden, das immer dann, wenn es notwendig geworden ist, seine Funktion frei zu setzen vermag; es sei denn du hast es aus irgend einem Grunde blockiert.
Nicht deine Eltern oder irgendjemand anderes ist Schuld an deinem Zustand. Du alleine bist Ursache und Wirkung.
Wenn du jetzt entgegnen möchtest, dass das Blödsinn sei, dann hast du mich nicht verstanden. Ich wiederhole also noch einmal: Dein Schicksal liegt ganz allein in deinen Händen. Also benutze diese Gelegenheit. Nimm dein Schicksal in beide Hände und wandle es.
Jetzt wirst du hoffentlich begriffen haben, dass es darauf ankommt, deine Abwehrkräfte in Höchstform zu bringen.

Das hat natürlich Konsequenzen und, dass diese Wandlung für dich nicht einfach sein wird, ahnst du sicherlich schon. Glaube mir, ich kenne diese Umstellung aus eigener Erfahrung. Ich mache dir Mut. Sie ist zu schaffen, auch wenn es nicht gerade Zuckerlecken bedeutet.
Erste Forderung ist natürlich: Schluss mit dem *süßen Leben.*
Sex ohne Liebe ist ohnehin zerstörend. Er erzeugt über deine Nebennieren Stress, und dass Stress kränkt, wird dir sicherlich mittlerweile bekannt geworden sein.
Laotse, ein alter chinesischer Weiser, hat einmal gesagt: „Alles, was du fort gibst, wird dir geschenkt; alles, was du behältst, wird dir genommen. “Ich füge hinzu, dass Sex sich nimmt und fordert, während Liebe schenkt.
Wenn du den Unterschied nicht kennen solltest, denke darüber bitte sehr eingehend nach.
Liebe kann sogar „ zuliebe“ verzichten. Sex will ausschließlich haben.
Warum ich das alles so ausdrücke? Gewiss nicht um Moral zu predigen, sondern, weil Liebe im Stande ist, in deinem Stoffwechsel eine grundlegend gesundende Sänfteverschiebung zu erzeugen.
Da fällt mir ein altes Sprichwort ein: „Liebe trägt dich, Sex zerschlägt dich!“ Ist das deutlich genug?
Liebe ist etwas, das du nicht anfassen kannst, ganz im Gegenteil zum Sex.
Es ist etwas energetisches, um es wissenschaftlich auszudrücken. Wie man es auch sonst auszudrücken versucht, solltest du jedenfalls begreifen lernen, dass sie zum Wandel eines Schicksals dazu gehört. Diese Art der Energie ist einfach unverzichtbar.
Du fragst mich, wie man wohl daran kommt. Das kannst du nicht kaufen. Das hängt allein davon ab, dass du bereit bist, Liebe zu verschenken, und das nicht nur an einen geliebten Menschen, - nein, auch allgemein. Andere Menschen wollen deine Schwingung, deine Bereitschaft zu geben, verspüren.
Diese Liebesenergie steht jedem grenzenlos aus dem Kosmos zur Verfügung. Du solltest dich ihr lediglich öffnen. Wie das geschieht, wirst du im Laufe dieser Abhandlung schon noch erfahren.
Ich glaube dir gerne, dass du dir darüber in deinem ganzen Leben noch gar keine Gedanken gemacht hast. In jedem Falle sehe ich, dass dein Energiefluss total blockiert ist.
Wollen wir uns doch einmal überlegen, wo und wie der Mensch seine Energie aufnimmt. Was geschieht z.B. als aller erstes, wenn ein Kind geboren wird.

Nicht doch,... der erste Schrei ist schon der zweite Schritt. Kannst du vielleicht schreien ohne vorher Luft zu holen?
Natürlich muss unser Baby erst einmal kräftig einatmen. Dieser erste Atemzug ist verantwortlich für sein gesamtes Lebenspotential. Da schöpft dieses kleine Wesen nicht einfach nur Luft. Nach Auskunft der Bibel haucht Gott dem Menschen leben ein. Na, da haben wir es doch. Was ist denn mit Leben gemeint? Energie natürlich, Schwingungen von einem bis heute noch nicht erforschtem Riesenspektrum.
Hinzu kommt, dass das Zwerchfell, als größter Muskel im Menschen, der den Körper in zwei Hälften teilt. Es wird mit jedem Atemzug dabei um drei bis fünf Zentimeter nach unten gepresst. Das ist eine grandiose Melkbewegung. Zwei Hauptadern, die durch das Zwerchfell gehen und beim Säugling etwa kleinfingerdick sind, setzen den Kreislauf in Bewegung. Das Blut beginnt zu kreisen. Die Reibung der roten Blutkörperchen an den Blutgefäßwänden erzeugt nunmehr zusätzlich Energie.
Hinzukommt, dass durch diese Absenkung des Zwerchfells die Leber, die Milz, die Bauchspeicheldrüse und das ganze Darmgekröse wie mit einer Wringmaschine ausgepresst werden, was natürlich anfallende Gifte aus diesen Organen heraus presst.
Die auf diese Weise gepumpte Blutmenge ist so groß, dass sie vom Herzen gar nicht bewältigt werden kann, und so hat die Natur es eingerichtet, dass ein großer Teil des Blutes zum Gehirn hinauf gepumpt wird, um von hier mit Eigengewicht zum Herzen zurück zu fließen. Durch sinnvolle Herzklappensteuerung kann nunmehr das Blut von neuem auf die Reise gehen.
Hirn, Herz und Lungen werden folglich nicht vom Herzen, sondern vom Zwerchfell beflutet, und wenn dieses Zusammenspiel auf irgendeine Weise gestört wird, verzichten wir nicht nur auf einen geordneten Stoffwechsel, sondern vor allem auf klares Denkvermögen.
Wie bitte, - du rauchst? Nicht einen einzigen unverrauchten Atemzug in deinem Leben kannst du ungestraft entbehren.
Unsere Atemluft, dieses Ur- und Lebenselixier, verdreckst du mit dem gifthaltigen Tabakqualm.
Odem sagten unsere Vorfahren. Vielleicht hörst du noch den heiligen Klang, wenn du dieses Wort aussprichst. Wie banal und technisch hört sich dagegen das Wort Atem an.
Das Rauchen der Friedenspfeife war eine sehr heilige Handlung, die nur zu ganz besonderen Anlässen und hochgestellten Priestern vorbehalten war.

Mit deiner Gewohnheit des Rauchens entweihst du deine eigenen Gedanken und merkst es nicht einmal mehr.

Aber bleiben wir bei dem banalen Vorgang des Rauchens: Weißt du überhaupt, was du da anstellst?

Überleg doch mal: Beim Rauchen wird, unter vielen anderen Giften, das Schwelgas Kohlenmonoxid frei. Der Chemiker hat dafür die Formel CO geschaffen. C bedeutet Kohlenstoff und O ist Sauerstoff.

Die Bindung von beiden ist als Gas, so wie es beim Rauchen anfällt, für den Menschen in verhältnismäßig geringer Menge tödlich.

Bei der Atmung wird in der Lunge Kohlendioxid ausgeschieden und gegen Sauerstoff ausgetauscht.

Auch das Kohlendioxid ist in größerer Menge für den menschlichen Stoffwechsel giftig, weswegen es eben auch durch die Atmung ausgeschieden werden muss.

Kohlendioxid hat die Formel CO^2. Im Stoffwechsel entsteht es bei der aufgenommenen Nahrung als ausscheidungspflichtiger Abfall.

Das rote Blutkörperchen nimmt in der Lunge und in den Organen den Austausch von O und CO^2 vor. Circa drei tausendfünfhundert Liter Blut müssen zu diesem Zweck durch die Lungen gepumpt werden.

Sauerstoff und Kohlenmonoxid werden huckepack wie ein Spaceshuttle mittels elektromagnetischer Potentiale befördert.

Und nun wird durch dein Rauchen Kohlenmonoxid, in fast gleichem Maße, sowohl durch die Haut, als auch durch deine Lungen in die Blutbahn aufgenommen. Die roten Blutkörperchen sind nun nicht in der Lage, CO vom CO^2 zu unterscheiden.

Ja, und dann passiert es, was niemals geschehen dürfte: Das CO wird nicht mehr huckepack verladen, sondern es verbindet sich mit dem roten Blutfarbstoff zu Teer.

Jawohl, du hast richtig gelesen.

Was Teer für den menschlichen Organismus bedeutet, wird dir längst bekannt sein. Es löst nämlich im Organismus die idealen Voraussetzungen für eine große Abwehrschwäche bis hin zum Krebs aus. Das gilt natürlich auch für AIDS.

Die mit Teer beladenen roten Blutkörperchen sind von nun an nicht mehr in der Lage, Sauerstoff und Kohlendioxid auszutauschen. Das ist für ein solches Blutkörperchen eine Katastrophe und es fängt an, zu eitern. Es reist zur Entgiftung zum Körperkrematorium, der Milz, und möchte dort entgiftet werden. Diese schließt jedoch bei dem leisesten Geruch von Teer die

Pforten und sagt zu dem Blutkörperchen: "Du kommst hier nicht rein, du stinkst." Nun muss das rote Blutkörperchen, wie ein dreirädriger Volkswagen, der mit Teer beladen ist, irgendeinen Parkplatz aufsuchen, der schlecht bewacht wird.
Was das bedeutet, wird dir erst klar, wenn du erfährst, dass achtzehn bis zwanzig Zigaretten auf diese Weise eine dreiwöchige Gesamtproduktion roter Blutkörperchen innerhalb eines Tages aufbrauchen.
Das muss jetzt dein armer Organismus alles in einem Tag schaffen. Das nennt man dann Raubbau! Raubbau an höchst wertvollen Eiweißen, sogar Hirneiweißen. Ob das wohl eine Ursache für Verblödung sein könnte?
Du kannst dir nunmehr ausrechnen, wie gut, oder besser wie schlecht, deine Abwehr aussieht. Kein Sauerstoff kann mehr ordnungsgemäß aus dem Gewebe heraus transportiert und keine Gifte mehr über Leber und Nieren ausgeschieden werden.
Jetzt bedarf es nur noch des Alkohols oder und andere Rauschmittel und deine Abwehrmechanismen werden durch Betäubung total wehrlos gemacht und mattgesetzt.
Bitte höre mir zu: Du musst sofort alle Genussgifte und Rauschmittel aus deinem Leben ausschalten, wenn du deine Chance haben willst. Alle diese müssen zu hundert Prozent für dein ganzes Leben absolut tabu sein.
Wir waren von der Atmung ausgegangen. Du hast gelesen, dass das Zwerchfell tief in den Bauch hinabgeatmet werden sollte. Beim Erwachsenen wäre das etwa um die Breite deiner Speckfalte unter dem Brustkorb. Das sind zwischen sechs und zehn Zentimeter. Und nun belausche einmal deine Atmung.
Ich sehe es geradezu vor mir: Nicht einmal dein Brustkorb hebt sich noch. Kann ja auch nicht! Mache bitte erst einmal deinen wunderschönen Gürtel und deinen Hosenbund auf, und wenn du eine Frau bist, öffne zusätzlich deinen BH.
So, nun kannst du erst einmal richtig durchatmen und wenn du es richtig machst, kannst du das im Genital und auf dem Scheitel spüren!
Sollte das nicht mehr möglich sein, weil du so verkrampft bist, dann lege dich mit dem Bauch auf die Erde und stütze den Oberkörper mit deinem rechten Ellbogen etwas ab, damit du auf die linke Schulter zu liegen kommst. Nun müsstest du allmählich merken, wie der Atem fließen sollte.
Dein Hosenbund, und noch einiges mehr, sind viel zu eng! Wären deine Klamotten weit genug, müssten sie ohne Hosenträger auf die Hacken runterrutschen!

Das ist jetzt gewiss kein Scherz. Hosenträger, und zwar die Breitesten, sind, damit du nicht auch noch auf den Schultern die Lymphbahnen abklemmst, zu empfehlen.
Das ist sehr wichtig. Warum wohl haben gerade Frauen weit mehr Brustkrebs als Männer?
Bis zu zwei Zentimeter tief beobachte ich meistens die Spuren dieses Mordinstrumentes namens BH. Alles was abschnürt ist kränkend, jede Korsage, jeder Hüfthalter, jede zu enge Strumpfhose macht diesen Blödsinn. Abgesehen davon sorgen diese für Erschlaffung und Zunahme an Volumen.
Ein lymphgestauter Busen, eingezwängt in eine preußische Pickelhaube, erleidet eine Inaktivitätsatrophie. Er wird größer und größer und fängt natürlich an zu hängen.
Sprich das Wort Hosenträger nicht so verächtlich aus! Nicht sportlich? Quatsch! Sei froh, wenn du wieder Sport treiben können wirst. Mädchen drehen einfach das Hosenträgerkreuz nach vorne. Unter dem Pulli fällt das ohnehin nicht auf, wenn nicht gerade hauteng bevorzugt wird.
Na gut, für das weibliche Geschlecht gibt's Stretch in die Länge und in die Breite, aber bitte bedenke, dass schon eine zu enge Strumpfhose die Atmung blockieren kann.
Was braucht ein neugeborenes Menschlein neben dem Atem am allermeisten?
Etwas zu trinken, natürlich.
Beim Tier ist das nicht anders. Bis zur achten Woche bekommt ein Hundebaby, ein Welpe, Muttermilch.
Von diesem Zeitpunkt an darf es nur noch Wasser trinken. Es wird sonst krank.
Bei all unseren Haustieren sind wir in dieser Beziehung konsequent und logisch, biologisch.
Warum meinen wir Menschen eigentlich, Ausnahmen machen zu müssen?
Tatsächlich gilt für uns Menschen das absolut gleiche Prinzip. Nur, ohne darüber nachzudenken, machen wir es bei uns selbst immer einfach anders.
Ich sprach eben von deinen Lymphwegen, den Straßen der Blutpolizei, die bei manchen von uns aus ersichtlichen Gründen unter chaotischen Verkehrsstauungen leidet. Wenn man also Milch trinkt, die ja überwiegend aus Lymphe besteht, lenkt man in das Verkehrschaos immer noch mehr Verkehrsteilnehmer hinein, und je verkäster diese Milch ist, umso katastrophaler sind die Auswirkungen auf deinen Stoffwechsel.

Hinzu kommt nämlich noch, dass sich in der Milch sehr viel Kalk, der an Eiweißmoleküle gebunden ist, befindet. Sonst könnte der ja auch nicht schwimmen. Der Säugling allein kann diese Bindung mit seinem Magensaft lösen. Im Gegensatz zum Erwachsenen, der mit seiner Salzsäure und dem Pepsin die Milch verkäst. Wenn es schon Käse ist, wird das Zeugs noch mehr verfestigt. Diese Bindung wird nun aus dem Magen in den Dünndarm transportiert, in dem der Kalk in die Arteriolen und das Eiweiß in die Venolen aufgenommen werden müsste. Das sind zwei verschiedene Türchen.

Da die Verkäsung die beiden aber unzertrennlich gemacht hat, bleiben sie liegen und bilden einen ganz festen Wandputz, der den Dünndarm zu einem Abflussrohr degradiert. Kalk verstopft auf diese Weise die Mineralaufnahmeorgane, was sowohl den Knochen und den Gelenken schadet, wie auch die Entgiftungsarbeit um circa sechzig Prozent mindert. Das Eiweiß bleibt liegen. Wenn ich denke, ich würde ein stück Fleisch bei siebenunddreißig Grad Celsius auf die Heizung legen, dann würde sich in kürzester Frist der Schimmelpilz Mucor ausbreiten. Das ist dieser schwärzlich Bruder, den man an feuchten Hauswänden beobachten kann.

Er sondert in großer Menge die hoch krebstoxischen Aflatoxine ab und produziert außerdem und mengenweise unseren zweiten Krebs- und Rheumafeind den Stickstoff. Außerdem stielt er dem Stoffwechsel circa achtzig Prozent an Sauerstoff. Diese Geißel der Menschen entwickelt sich, sobald der kleine Mensch sein erstes Fleisch zu essen bekommen hat.

Jetzt wirst du verstehen, warum ich Milch, Käse, Quark, Yoghurt und Buttermilch streng verbieten muss.

Die Milchprodukte sind die Ursache für das unheimliche Anwachsen der Stoffwechselentgleisungen bis hin zu AIDS und Krebs.

Das betrifft allerdings nicht das Milchfett, unser gute Butter. Schlagsahne ist in sehr hohem Maße auch Milchfett, aber sie enthält doch noch eine ganze Menge Milch und ist deswegen in nur ganz begrenzter Menge erlaubt.

Vor Butter brauchst du also keine zu Angst haben. Nach Professor Ferdinand Hoff müsstest du sechs Zentner Butter am Tag essen, um so viel Cholesterin ins Blut zu bekommen, wie die Leber täglich selbst ausschüttet. Also auch dieses Märchen mit dem dicker werden durch Fett führt sich selbst ad absurdum. Was denn dann trinken?

Ganz recht: Wasser ist die Devise. „Trink Wasser wie das liebe Vieh und denk das ist Crambambuli!"

Leider ist das heute auch keine so ganz einfache Sache mehr. Wasser ist nämlich lange nicht mehr gleich Wasser.
Vom Leitungswasser wollen wir lieber schon gar nicht reden. Aber auch Quellwasser, das normalerweise angeboten wird, ist bis auf ganz wenige Ausnahmen, höchst problematisch.
Es enthält in der Regel eine ganze Menge gelöster, anorganischer Mineralien, auf Deutsch Dreck.
Sie sind schließlich weiter nichts als Gesteinsabrieb, mit dem unser Stoffwechsel gar nichts anfangen kann. Es ist das traurige Verdienst der Naturheilkunde, ausgerechnet das Mineralwasser in die biologische Therapie integriert zu haben.
Je mehr anorganische Mineralien wir auf diese Weise zu uns nehmen, um so mehr machen wir aus unseren Blutgefässen Tropfsteinhöhlen.
Gefäße und Organe werden durch diesen Vorgang schließlich so deformiert und gelähmt, dass die bekannten Zerrbilder alter, unbeholfener Menschen entstehen.
„Wir brauchen aber doch Mineralien, "entgegnest du mir, und du hast sogar Recht. Nur, der Mensch kann Mineralien ausschließlich in organisch aufgebauter Form aufnehmen. Das Angebot ist reichlich genug durch alle Pflanzen abgedeckt. Ein Grund mehr, dass wir unseren Speisplan reichlich damit versorgen.
Doch zurück zum Wasser: Reines Wasser hat die chemische Formel H^2O.
Das sind zwei Wasserstoffatome und ein Sauerstoffatom. Du meinst dann kannst du aus der Wasserleitung deinen Durst damit löschen.
Weit gefehlt! Diese Quelle hat sich der Mensch längst versaut. Auch ein Brunnenwasser ist in der Regel zu hart, was so viel bedeutet wie zu kalkhaltig.
Ob Regenwasser gut genug zum Trinken ist, ist von Fall zu Fall verschieden. Wenn viele Flugzeuge deine Landschaft durchkreuzen, wird der Regen mit Kerosin verseucht sein.
Was uns bleibt, wirst du fragen. Sehr wenige gehandelte Wasser sind noch trinktauglich.
Volvic ist eines der gerade noch trinkbaren Wasser. Ein Spitzenwasser heißt MONT ROUCOU(Reformhaus).
Man schmeckt seine Qualität. Allerdings kostet es auch einige Cent mehr. Für deinen Krankheitszustand allerdings halte ich das für unverzichtbar.
Mittels einer anderen Methode lässt sich aus dem Leitungswasser ein noch hochwertigeres Wasser herstellen. Es handelt sich dabei um die so genannte

Umkehrosmose. Ein solches Umkehrosmosegerät ist zwar im noch Moment teuer, aber dafür hat man hochwertiges Wasser für den Stoffwechsel und die Müllabfuhr zur Verfügung. Wenn du viele unnütze Sachen einsparst, die man ohnehin nicht braucht, hat man das Geld sehr rasch zusammen. Mineralwasser ist ohnehin um ein Vielfaches teurer. Mich kostet heute ein Liter Wasser sechzig Cent. Für dein gekauftes Wasser bezahlst du immerhin neunzig Cent pro Liter.

Immer jedoch bleibt ein Problem, was jedes Wasser aus Plastikflaschen oder aus langen Leitungen kommend betrifft, zu bewältigen. Auf seiner langen Reise durch die Wasserrohre oder verstaut in Plastik, hat es seine lebendigen Schwingungen verloren. Es muss unter allen Umständen neu belebt werden. Dazu genügt es in das Wassergefäß, in das man das Wasser zapft, einige Kieselsteine oder Halbedelsteine hinein zu legen. Das kann man mit einem Pendel sehr deutlich kontrollieren. Wenn nämlich ein lebendiges Wasser vorliegt, wird dein Pendel einen ziemlich großen Rechtskreis pendeln. Ist jedoch das Wasser ohne lebendige Schwingung, bleibt dein Pendel stehen und rührt sich nicht vom Fleck.

In diesem Zusammenhang ist auch zu beachten, dass alles, was in Plastik aufbewahrt wird, keine Schwingungen mehr hat. fünfzehn Sekunden genügen, um einen Apfel in Plastik zu töten.

Also, weg mit den Tubber Gefäßen und all den vielen Plastikverpackungen.

Was du aber auch mit großem Nutzen trinken solltest, sind Kräutertees. Sie haben Inhaltstoffe, die dir helfen werden, deine Krankheit zu überwinden. Am Ende dieser Abhandlung wirst du eine Liste von Tees mit ihren Indikationen und einer Beschreibung, wie man sie zubereitet, finden.

Eine wichtige Teeregel sei dir vorweg gesagt: „Mische mindestens drei, aber höchstens neun Tees miteinander, und vergiss nicht den Tee zu würzen.“

Alle Gewürze stehen dir zur Verfügung außer schwarzem und weißem Pfeffer, Curry und Muskat. Zur Verfeinerung sind alle Sirupe oder Fruchtzucker erlaubt. Na bitte, ist das etwa nichts?

Cola, schwarzer Tee, Kaffe, Limonaden, Alkohol und andere Kunstgetränke sind für dein ganzes Leben lang streng verboten. Obstsäfte sind nur dann für dich erlaubt, wenn der Hersteller kein Säorbit, kein gespritztes Obst oder herkömmlichen Kristall Zucker verwendet hat. Um das einhalten zu können, sollte man diese Säfte ausschließlich im Alternativ-Handel oder im Reformhaus kaufen.

Du meinst, dass man das doch gar nicht einhalten kann. Mein lieber Freund, du musst! Und ich garantiere dir, es dauert gar nicht lange, bis du deine alten Gewohnheiten hinter dir gelassen hast und erstaunt feststellen wirst, wie viele schönster Geschmacksnuancen sich dir neu erschlossen haben, von denen du bisher nicht einmal träumen konntest.
Deine Geschmacksknospen beginnen wieder aufzublühen und plötzlich wird auch dein Geruchsinn feiner und empfindlicher. Das hat zur Folge, dass Dein Nahrungsauswahlvermögen steigt, und du wirst dich wundern, wie viel mehr Freude du an deiner Umgebung bekommst.
Ein ganzes verloren gegangenes Universum an Düften erwacht aus seinem Dorn-Röschen-Schlaf.
Das gilt auch für die feste Nahrung, die ja die dritte im Bunde ist. Natürlich gelten auch hier biologische Regeln, die leider heutzutage ganz aus der Mode gekommen sind.

1.Regel: Jesus Christus hat zu den Kranken gesagt: „Wie wollt ihr lebendig bleiben, wenn ihr tote Nahrung esst."
Natürlich hat er recht, denn gegessene tote Zellen tragen nach neuesten Erbforschungen die Information TOT in sich, und geben diese natürlich an den Stoffwechsel weiter. Lebende Zellen tun das Gegenteil.
Das soll nun nicht heißen, dass du wie ein Kaninchen alles kalt und roh essen solltest.
Aber bitte stelle dir einmal vor, wir beide sollten zum Baden in kochendes Wasser springen. Ich bin sicher, wir würden diesen Blödsinn mit dem Leben bezahlen.
Auch wenn ich an den viel gepriesenen Schnellkochtopf denke, weiß ich sicher, dass ich unter dem kochend heißen Dampfhochdruck postwendend sterben würde.
Dagegen gehe ich gerne in die Sauna oder in ein römisches Dampfbad, um mich zu erfrischen und zu kräftigen. Warum wollen wir dem Gemüse, das sich uns lebendig zur Nahrung bietet, diese Prozedur nicht auch zugestehen. Schließlich handelt es sich hier auch um ein Lebewesen, auch wenn die meisten Menschen heute nicht mehr bereit sind, das zu erkennen.
Unsere Großmütter müssen darüber sehr viel mehr nachgedacht haben. Sie erfanden den Dampftopf.

Damit du mich recht verstehst: Ein solcher besteht aus einem mit Wasser gefüllten Untertopf und einem mit Gemüse gefüllten Obertopf, dessen Boden durchlöchert ist, damit der entspannte Dampf das Gemüse garen kann. Zerteilt man das Gemüse vor dem Dämpfen ausreichend, dauert der Garvorgang zwanzig Minuten, ohne dass unser Gemüse schaden genommen hätte und nicht nur das, es schmeckt auch noch hundert Prozent besser.

2. Regel: Alles Gemüse solltest du für eine halbe Stunde und bis zu zwölf Stunden in PET PEARL Wasser einlegen. Das ist ein Pulver, das du nur direkt beziehen kannst. Bitte wende dich an mich für die Adresse.

Es handelt sich dabei um ein Mineralpulver, das in der Lage ist, den zu hohen Stickstoffgehalt aus dem Gemüse herauszulösen und dafür den Mineralgehalt in der Nahrung erheblich zu erhöhen.

Stickstoff wird im Stoffwechsel zu hohem Maße in Nitrit verwandelt und gilt nicht nur als Krebs-, sondern auch als Entzündungsgift.

Keine Sorge, das Gemüse laugt bei dieser Prozedur nicht aus. Im Gegenteil, die reichlich aufgenommenen Mineralien werten die Pflanzenteile auf. Ist doch die Pflanze ein mineralisches Wesen, das in der Lage ist, anorganische Mineralien in organisch aufgebaute zu verwandeln und das ist für unseren Organismus Abwehr aufbauend.

3. Regel: Täglich musst du unter allen Umständen mindestens einen Esslöffel rohes Getreide essen. Du kannst es am Abend vorher in Wasser einweichen lassen. Gemahlen darf es nicht älter als eine halbe Stunde sein, sonst wird es ranzig und ist nichts mehr wert. Die im Getreide enthaltenen Funktionsstoffe (Fermente) sind für dich unverzichtbar. Sämlinge, wie Kürbiskerne, Sonnenblumenkerne, Brennnesselsaat, Anis, Fenchel und viele andere Sämereien sind mit noch viel größerem Nutzen essbar.

4. Regel: Kartoffeln und alles Gemüse solltest du ausschließlich aus dem Dämpftopf gegart essen. Bei den Kartoffeln musst du unbedingt darauf achten, dass sie nicht mit Antikeim Mitteln behandelt worden sind. Kaufe sie direkt beim Bauern, im Bioladen oder im Reformhaus.

5. Regel: Höchstens zweimal in der Woche ist ein Ei für dich erlaubt. Das aber nur einmal im Monat. Fisch oder Fleisch auf keinen Fall! Die Zellgifte aus dem tierischen Eiweiß wären für deine Körperabwehrfront eine viel zu starke Belastung. Später kann sich das noch ändern.

6. Regel: Außerordentlich wichtig sind für dich alles Obst und Gemüse, und vor allem Wildgemüse, frisch oder getrocknet. Was ist das nun wieder? Himmel noch mal, kennst du denn keine Brennnessel oder den Löwenzahn, Girsch oder Gänseblümchen. Das wächst dir sogar in der Großstadt zur Haustür hinein. Also schau dich um.

Dieses Wildgemüse hat einen bis hundertfach höheren Funktionswert als Zuchtgemüse. Bitte, deine Apfelsine, die du da gerade aus deiner Hosentasche herausgezogen hast, liefert dir, wenn es hoch kommt fünfundzwanzig Milligramm Vitamin C. Kümmerlich! Eine meterhohe Brennnessel weist circa drei tausend Milligramm auf. Außerdem enthält sie alle Vitamine, Spurenelemente und Mineralien. Deine Apfelsine bietet dir nur eine Menge Säuren, die dir den Kalk aus den Knochen stehlen.

Das Wildgemüse liefert dir der Liebe Gott gratis. Du musst dich lediglich bücken, um es zu ernten.

Wieso hast du Angst, dass du Eiweißmangel erleiden könntest. In all dem Gemüse, das über der Erde wächst, hast du so viel Eiweiß zur Verfügung, wie dein Körper gar nicht verwerten kann.

Eiweiß aus den tierischen Geweben will ich mal vergleichen mit deinem kleinen Opel Kadett, den du randvoll lädst mit Ersatzteilen für einen Truck. Dein Opel geht in die Knie und kann kaum noch schnaufen, so wie es dir

jetzt geht. Nur zwei Muttern kannst du von dieser Ladung gebrauchen.
Fleisch, Fisch, Eier haben für den Menschen nur zwei wichtige Funktionsstoffe, aber alles Übrige ist Überladung für dich. Aus diesem Wissen heraus hat schon unser guter alter Pfarrer Kneipp den Satz geprägt: „Fleisch, Fisch und Eier höchstens einmal in der Woche, mindestens einmal im viertel Jahr."
Unlängst hat die größte Forschungsanstalt der Erde, die Queensland – Universität, den gleichen Satz geprägt.

7) Regel: Brot ist zwar aus Getreide, leider jedoch gebacken unter Temperaturen wie im Krematorium.
Außerdem wird der Backvorgang häufig durch Kurzwelle oder Mikrowellen vollzogen, so dass die Fehlinformationen gleich doppelt und dreifach in unseren Magen hineingestopft werden.
Willst du vernünftiges Brot zu dir nehmen, besorge dir Steinofen- oder Holzofenbrote.
Sie sind vergleichsweise im Saunaprinzip gegart. Denke außerdem bitte daran, dass du salzfreie Brote kaufen musst.

8) Regel: Zweimal in der Woche darfst du dir ein Ei zu Gemüte führen. Fleisch allerdings steht dir höchstens einmal im Monat zu, und vor allem mit der absoluten Einschränkung, dass es sich nicht um Schweinefleisch handelt. Außerdem ist dann als Zukost alles verboten, was unter der Erde wächst oder aus Getreide besteht. Reis und Hülsenfrüchte gehören auch zu dieser Gruppe, die man Kohlehydrate nennt. Diese darfst du nur essen, wenn kein Fleisch, Ei oder Fisch in der Nähe ist.

9) Regel: Alle nicht scharfen Gartengewürze sind für dich erlaubt, zu denen auch Chilly gehört.
Streng verboten sind dagegen herkömmliches Salz, schwarzer und weißer Pfeffer, Muskat und alle industriellen Dressings.

Dazu gehört natürlich auch Tomatenketchup. Selbst hergestellt im Mixer, mit Öl und den erlaubten Gewürzen ist es natürlich nicht verboten und kann besonders lecker schmecken.

10) Regel: Verboten sind alle ausgemahlenen, geweißten und verfeinerten Nahrungsmittel. Weißer Reis, Weißbrot, Knäckebrot, weiße Brötchen, weiße Nudeln und jede Dosennahrung.
Mayonnaise, auch selbst hergestellte, ist für dich nicht geeignet. Weiterhin verboten ist Nahrung, die mit Hilfe der Mikrowelle bzw. der Kurzwelle hergestellt wurde.
Alle diese Nahrungsmittel sind keine Lebensmittel mehr. Mikrowelle und Kurzwelle infizieren die Nahrung mit Schwingungen, die über dem tausend Herzbereich liegen, und der Mensch kann nur zehn bis zwölf Herz vertragen.

11) Regel: Gefährlich für dich sind außerdem alle herkömmlichen Kristallzucker, Süßstoffe, Soorbit und andere Haltbarmachungsmittel, auch im Brot, Kandis, Schokolade aus herkömmlichem Kristallzucker, Desserts, Eis, mit Kristallzucker gesüßte Säfte, Kaffee, Cola, Milchprodukte wie Quark, Käse, Joghurt, Sauermilch, Buttermilch und die Kuhmilch selbst. Butter als Milchfett ist sogar erwünscht.
Erwünscht weiterhin ist Olifit (Mariendistel – Öl).
Margarine solltest du aus deinem Programm ganz streichen.

12) Regel: Grundsätzlich gilt nach Pfarrer Kneipp: *„Morgens wie ein Kaiser, mittags wie ein König, und abends wie ein Bettelmann, der hungrig ins Stroh geht.*
Am besten beginnst du deinen Tag mit reichlich Obst und Wasser. Das gilt auch für den Vormittag.
Ein schönes Stück Steinofenbrot mit Butter und Honig, Marmelade aus dem Reformhaus oder mit Belag aus den unterschiedlichsten Soja - Zubereitungen können einen kaiserlichen Geschmack garantieren.

Vor einigen Tagen hat meine Frau mir ein Kassler serviert. Schmeckte erstklassig. Ein wenig vorwurfsvoll wollte ich sie wegen des Fleischangebotes rügen. Da lachte sie und meinte, dass es sich um ein reines Sojaprodukt gehandelt habe. Probier dich ruhig einmal im Alternativ - Handel durch die verschiedenen Produkte hindurch. Du wirst erstaunt sein, vieles schmeckt zwar anders, aber dafür meist umso leckerer.
Dein Mittagessen kannst du auf diese Art genau so reichhaltig gestalten. Probier's nur!
Satt essen kannst du dich allemal, aber um 16°° Uhr sollte deine Küche abgeschlossen werden.
So weit also deine Anweisungen für dein leibliches Wohl.

Fast so wichtig als der Atem, ist das Wasser. Es ist eine Energieform, die bist heute von der Wissenschaft nicht näher definiert worden ist.
Dennoch besteht sie und ist von alters her bekannt und beschrieben. Du kannst sie fühlen, du kannst sie hören, wenn du dich ihr öffnest. Sie ist erstmalig von den alten Chinesen vor viereinhalb tausend Jahren beschrieben worden.
Abgeleitet davon kennt man heute diverse Zentren auf der Körperoberfläche, die offensichtlich der Aufnahme dieser kosmischen Energie dienen. Sich ihrer zu bedienen, ist sehr einfach, und für dich unabdingbar.
Da diese Energie offensichtlich unseren Gedanken und Vorstellungen offen ist, können wir sie, wie im Rundfunk die Radiowelle, als Trägerwelle modulieren. Das bedeutet, dass du deine Vorstellung von Gesundheit oder Krankheit im Stande bist, aufzuprägen. Wie ich dir schon gesagt habe, bestehst du zu aus siebzig Prozent aus Wasser, das ein lebendiges Kristall ist. Du kannst folglich deinem Körperwasser mitteilen, was du dir vorstellst. Natürlich kannst du dir vorstellen, dass du reich werden willst. So geht das natürlich nicht, aber alles was deine Körperfunktionen angeht, wird von ihm beantwortet, so weit er noch Reserven zur Verfügung hat. Deine Vorstellungen kannst du nun ganz bestimmten Lebenszentren vermitteln. Du brauchst nur die drei mittleren Finger auf diese Zentren legen und mit der Ausatmung diesen Zentren entsprechende Mitteilungen senden. Über lange Zeit deines Lebens gespeicherte Blockaden können sich auf diese Weise nach und nach lösen.

Da deine Krankheit, wie du noch sehen wirst, auch eine sehr stark energetische Ursache hat, wirst du folgende Übungen in der nun angegebenen Reihenfolge täglich morgens und abends ableisten müssen.
Setze dich zu diesem Zwecke bequem an einen Tisch, stütze die Ellbogen darauf und halte beide Hände mit schwach gespreizten Fingern parallel zu deinen Wangen und Schläfen, etwa im Abstand von vier bis fünf Zentimetern. Du wirst mit der Zeit eine immer stärkere, wohlige, warme Strömung empfinden, die sich über den ganzen Kopf ausbreitet. Stelle dir dabei vor, wie du durch einen durchsonnten Frühlingsbuchenwald wandelst. Stelle dir weiter vor, du siehst dich vor dir herwandeln und von Schritt zu Schritt gesünder und stärker werden.
Diese Übung, und jede darauf folgende, dauern zwei bis drei Minuten.
Übung Numero zwei folgt etwa nach einer Woche.
Lege drei Finger deiner rechten Hand auf die Mitte deines Brustbeins. Wo das ist? Es fängt oben am Hals an, wo dieses kleine Grübchen ist.
Wenn du dann senkrecht mit den Fingern nach unten streichst, kommst du eine Hand breit über dem Bauchnabel an dessen Ende. Davon abwärts, in der Mitte ist ein gut fühlbares Grübchen. Dahin also lege deine drei Finger. Ganz locker, gar nicht drücken. Und nun lass gedanklich all deinen Hass, Neid und die Furcht fallen. Schmeiß alles in den Ascheimer, in eine Jauchegrube oder zur Müllabfuhr.
Versuche dich als glaubenden und liebenswerten Menschen zu betrachten. Schöpfe aus deinem Buchenwald Dankbarkeit, Mut und Zutrauen.
Wenn dir das nicht gleich gelingt, macht das gar nichts. Nach einer Woche weiteren Übens wirst du Begriffe, die dir bis dahin fremd waren, in dir aufnehmen.
Als Folgende Übung wanderst du mit deinen Fingern etwas aufwärts, bis dahin, wo die gedachte Verbindung deiner Brustwarzen das Brustbein kreuzt. Auch hier findest du eine kleine Delle, die das Auffinden erleichtert.
Wie gewohnt geh in Gedanken in deinen Buchenwald. Du kannst bei diesen Übungen gerne angezogen bleiben. Die Energie geht durch alles hindurch.
Nun stell dir vor, dass alle deine eifersüchtigen Regungen und sexuellen Spannungen und deine ganze Vergangenheit sich im Morgennebel des Waldes auflösen und verdampfen. Das nennt man visualisieren. Reue und bedauern kommt dabei auf. Lasse es zu! Das ist normal und notwendig, aber auch das soll sich im Morgennebel lösen. Visualisiere dich als großzügig, entspannt und ohne Furcht vor deiner Vergangenheit.

Als nächste Stufe wanderst du mit deinen Fingern bis zum Ende des Brustbeins. Direkt darunter findest du wiederum eine kleine Delle. Das ist der nächste Punkt. Du musst jetzt nicht meinen, alle Übungen auf einmal erledigen zu müssen. Lass dir Zeit. Notfalls mache die gleiche Übung eine, zwei oder drei Wochen lang. Immer bis du dir sicher bist, etwas dabei zu empfinden.

Also gehe unter dein Brustbein. Wieder suche in Gedanken in deinen jetzt schon gewohnten Frühlingsbuchenwald auf. Vergiss allen Ärger und Zorn, der dich jemals befallen hat. Liebe und Vergebung verleihen deiner Person, die du da vor dir herwandeln lässt, ein mehr und mehr leichtes Leuchten.

Wenn du dieses Leuchten wahrgenommen hast, bist du reif für die nächste Stufe.

Den nächsten Punkt findest du genau auf der Hälfte zwischen dem Bauchnabel und dem Brustbein.

Dieses Mal musst du schon etwas genauer tasten, um die leichte, sehr kleine Einsenkung zu finden.

Im Spiegel kannst du eine flache Querfalte an dieser Stelle sehen. Am besten setzt du dich dieses Mal unbekleidet hin. Du wirst erfahren, dass aus deiner Vergangenheit Situationen mit Gier, Ekel und Enttäuschung in deinen Erinnerungen auftauchen. Sie sollen von dir abgleiten werden, so dass du in Zufriedenheit übergehen kannst. Natürlich meine ich damit nicht Selbstzufriedenheit! In jedem Fall kommt es bei den Übungen darauf an, dich aus der Umarmung negativer Erfahrungen zu lösen. Sollte dir übel werden, lass alles raus und säume nicht zu brechen.

Zur nächsten Stufe gleitest du mit den Fingern senkrecht abwärts, über den Bauchnabel hinweg, bis du ein Drittel den Weg zurückgelegt hast, bis zu der Knochengrenze unter den Schamhaaren. Eine Querfalte und eine kleine Delle erleichtern dir das Auffinden. Visualisiere in gewohnter Weise das Abfallen aller Schwere und aller depressiver Gedanken. Stattdessen wird, bei gehobener Stimmung, Hoffnung wachsen, die von Beschwingtheit, Leichtigkeit begleitet ist.

Empfinde Freude darüber, dass du einen Weg gefunden hast, der dich aus Kummer, Leid und Traurigkeit herauszuführen vermag.

Nun kann dann der nächste Abschnitt folgen: streiche die Senkrechte weiter nach unten, bis du auf die vordere, knöcherne Verbindung der beiden Beckenhälften unter den Schamhaaren triffst. In der medizinischen Fachsprache heißt dieser Ort die Symphysenfuge. Tatsächlich treffen hier zwei Knochen aufeinander und sind durch eine knorpelige Brücke miteinander

verbunden. Direkt über dieser knorpeligen Verbindung findest du deinen Ort. Er dient den Vorstellungen von Frieden und Harmonie und ist geeignet, Ungeduld und Ruhelosigkeit aufzulösen.
Für den nächsten Schritt ziehst du durch den Bauchnabel eine waagerechte Linie und weiter von den Brustwarzen abwärts zwei Senkrechte. Zwei Zentimeter unter den sich dadurch ergebenden Schnittpunkten findest du auf jeder Seite eine Delle als Orientierungshilfe. Auf beide legst du die drei Finger beider Hände und visualisierst dich in Selbsterkenntnis hinein. Sei der, der du bisher gewesen bist und erkenne den der du sein solltest. Auf diese Weise wirst du dein Selbstwertgefühl immer besser entwickeln. Du wirst bemerken, dass du schon in kurzer Zeit einen völlig neuen Eindruck von dir hast. Und wenn du so weit bist, kannst du den nächsten Schritt wagen.
Wandere mit beiden Händen zu den Enden der zwölften. Rippe. Die liegt sehr weit nach hinten, etwa zwei Handspannen vom Brustbein entfernt. Zwischendurch stolpert man über das Ende der elften Rippe. Bitte nicht damit verwechseln. An diesem Ort findest du keine Delle; aber ich denke, dass du trotzdem leicht fündig wirst. Hier kannst du natürlich nicht, wie gewohnt, drei Finger auflegen.
Daraus wird nix! Nimm einfach beide Daumenkuppen und lege sie so auf die Rippenenden, als wenn du diese verlängern wolltest. Die übrigen Finger ballst du zur Faust. Jetzt denkst du an deine sexuellen Probleme. Begreife, dass Sex ohne Liebe ein Suchtproblem ist, das in einem verhängnisvollen Strudel in die Tiefe zieht. Hier gilt es, sich eindeutig zur Liebe zu bekennen. Erlebe in deiner Vorstellung, wie es ist, aus Liebe sexuell beschenkt zu werden. Du würdest an Selbstwert und Sicherheit wachsen.
Und dann solltest du versuchen, selbst zum Schenkenden zu werden. Zunächst in deiner Vorstellung.
Effektiv? Wer weiß?
Nun ist das Ende der elften Rippe dran. Direkt davor berührst du dich, jetzt wieder mit den bewussten drei Fingern beider Hände. Stelle dir deine Zukunft vor, in den schönsten Farben. Ziele kann man gar nicht hoch genug stecken. Gestärkt durch deine Glaubenskraft zerstreust du deine Angst vor Krankheit und allem, was du bisher an negativen Erwartungen vorausgesehen hast. Stell dir vor, du stehst an einem großen Ascheimer und wirfst alles hinein, was dich belastet hat. Du kannst auch stattdessen in Gedanken einen Langen Brief an den LIEBEN GOTT adressieren, in den du alles hineinschreibst, was dich belastet. Und damit er seine Adresse auch erreicht,

verbrennst du dein sorgsam Niedergelegtes mit ein wenig Stroh zusammen, damit deine Gedanken auch dann mit dem Rauch des Feuers die richtige Adresse gelangen. Nur so kannst du deine Angst vor Kommendem auflösen. Hast du dieses Problem bewältigt, gehst du zu den beiden nächsten Punkten über. Sie liegen auf der Mamillarlinie, am unteren Rippenrand. Nein, nicht ganz. Von hier musst du noch eine Rippenbreite wieder aufwärts streichen. Hier kannst du dich wieder nach einer dort befindlichen Vertiefung richten. Wirf alle deine Gedanken an deine Krankheit und sonstiges Unglück über Bord und stelle dir vor, du würdest in deinem sonnendurchfluteten Sommer-Sonnen - Wald von vielen lieben Menschen besucht und gefeiert.
Frohsinn und Freude erfüllt dein Herz. Auch, wenn diese Visualisation gleich gelingen sollte, wiederhole sie noch etliche Male.
Sie muss wirklich bombenfest in dir verankert sein, damit du in deiner Entwicklung fortschreiten kannst.
Der nächste Schritt führt dich von diesem Punkt zwischen den Rippen entlang in Richtung Brustbein. Am Ende der neunten Rippe, einige wenige Millimeter unterhalb, ist die gesuchte Vertiefung zu finden. Deine Phantasie ist inzwischen so weit gewachsen, dass du dir vorstellen kannst, alle jene um Verzeihung zu bitten, die du jemals beleidigt, mit Zorn oder Wut überzogen hast.
Gehe in Gedanken zu den Betreffenden, jeden einzeln für sich, und rede laut mit ihnen. Höre dir ihre Argumente an und versuche sie zu verstehen. Du wirst dich hinterher wie befreit fühlen. Dir wird klar werden, dass Zorn und Wut nur die andere Seite von Liebe und Verehrung ist. Du wirst von nun an in der Lage sein, auf andere ohne Hemmungen zuzugehen. Hast du das geschafft, kannst du zur letzten Visualisation schreiten.
Dieser Punkt liegt zwischen Axelfalte und Schultergelenk. Eine deutliche Einsenkung weist dir den Ort. Um ihn zu berühren, musst du die Unterarme kreuzen, um diesen Punkt, mit der rechten Hand links und mit der linken Hand rechts, mit Energie zu versorgen.
Überlege, wo und bei welchen Gelegenheiten du Intolerant gewesen bist. Erkenne, dass diese Ereignisse in jedem einzelnen Fall der Bescheidenheit und Demut entbehrt haben. Versuche diese üblen Regungen aus deinem Wesen gründlich zu entfernen. Eine gute Vorstellung ist, einen Fraisbohrer dazu zu benutzen.
Gewiss ist es die ersten Male ein wenig mühsam, sich auf seinem Körper zurechtzufinden, aber tröste dich: Man hat den Bogen sehr schnell heraus und die Übungszeiten reduzieren sich rasch auf weniger als zehn Minuten.

Im Übrigen hat es sich bewährt, sich selbst bei seinem Vornamen oder sogar dem Familiennamen zu rufen. Die Wirkung ist ungleich höher, als wenn man mit der ICH - Form arbeitet.
Aus dem gleichen Grund sollte man in seiner Vorstellung vor sich her schreiten oder schweben. Das gilt natürlich auch, wenn man auf einem Baumstamm oder einer Steinmauer sitzt. Sei immer dein eigener Zuschauer. Sprich mit ihm und hole dir Rat und Anweisungen. Er wird dir bereitwillig Auskünfte geben.
Bitte verändere nicht die Übungsreihenfolge. Du würdest dir damit unangenehme Reaktionen einhandeln, und das ist das Letzte, was du brauchen kannst.
Und nun zu deiner Reinigung auf körperlicher Basis. Du hast eine innere und eine äußere Körperoberfläche. Die innere ist der Hohlraum deines Darmes und die äußere..., na ja, ich nehme an, dass du die besser kennst als ich. Nun, die äußere bist du hoffentlich gewohnt sie zu reinigen; wenn nicht, müssen wir das auch noch sehr genau besprechen.
Aber innen? Da schaust du mich sehr fragend an. Also pass auf, die innere Oberfläche möchte natürlich auch sauber sein. Auch hier geht das bis zu einem gewissen Grade mit Wasser sehr intensiv, und zwar nicht nur von oben, sondern auch von unten.
Danke, dass du mir das Stichwort Klistier gibst, aber das meine ich gar nicht, denn ein Klistier lässt den Darm sich dehnen, wobei die Darmmuskulatur wie ein Scherengitter geöffnet wird und alle die Schwebstoffe die nun im Wasser gelöst sind, sich in den Scherenöffnungen verklemmen, so dass das Gitter sich niemals wieder richtig schließen kann. Das ist also gar nicht so gut.
Nein, ich denke an eine viel bessere Lösung. Auch das subaquale Darmbad ist nicht gemeint, denn das schießt Wasser mit großem Druck in den Darm und führt den gelösten Kot über ein Zentralrohr ab, ohne dass der Darm sich bewegen kann. Also auch hier setzen sich die Zwischenräume der Scheren zu.
Besorge dir beim Klempner/Installateur einen Friseur - Duschhandgriff ohne Brausekopf. Schraube ihn auf deinen Duschenschlauch. Statt Brausekopf schraubst du einen Perlator auf.
Mit einem Wasserstrahl von etwa zwei bis drei Zentimetern, natürlich handwarm, presst du die Duschenöffnung an deine Afteröffnung. Bitte nicht hinein! Jetzt lässt du so viel Wasser in deinen Darm eintreten bis der die

Backen aufbläst. Das merkst du ganz gewiss. Dein Darm sagt dir Bescheid: „Nun ist es aber genug!"
Du drehst dann einfach den Duschenkopf weg und entlässt das eingedrungene Wasser umgehend ins Klo. Bitte nicht wie beim Klistier festhalten. Von Anfang an wirst du merken, wie dein Darm sich freut. Elfmal wiederholst du das im Anfang in einer Arbeitsitzung täglich und das mindestens einen ganzen Monat lang. Nachher gehst du dazu über, das zwei bis dreimal in der Woche zu wiederholen.
Abführmittel sind nicht erlaubt. Höchstens eine ganz besondere Leinsamenaufbereitung.
Man nimmt zu diesem Zweck einen Esslöffel *ungeschroteten* Leinsamen und gibt dazu eine Tasse Wasser, lässt das ganze vierundzwanzig Stunden quellen. Morgens gießt man die dünne Flüssigkeit vorsichtig in ein großes Trinkglas ab, fügt dem nachgebliebenen Dicken eine weitere Tasse Wasser hinzu und kocht das drei Minuten auf. Kalt und warm wird nun zusammengegossen und gleich wie einen Schwedentrunk getrunken. Keine Angst, das ganze hat gerade Trinktemperatur.
Und nun zu deiner äußeren Körperoberfläche. Gewaschen oder geduscht wird ausschließlich kalt, ohne Seife. Seife macht nur dreckig, verstopft die Poren und zerstört deine äußere Körperabwehr. Was höre ich da, du möchtest gerne warm duschen und baden? Na, gut, zwei mal im Monat sei's dir gestattet, aber auf keinen Fall mehr.
Warum? Nun, lege einmal einen sehr schwachen Magneten in warmes Wasser. Der ist hinterher nicht mehr viel wert. Die Eisenmoleküle im roten Blutkörperchen depolarisieren und somit du selbst ebenfalls. Dir geht Kraft, die du doch dringend brauchst, verloren. Nur deswegen ist man nach einem Warmbad schlapp.
Und nicht nur das, der ganze Stoffwechsel wird in Aufruhr versetzt. Sicher lädt sich der Stoffwechsel allmählich wieder auf, aber was soll der Kräfteverlust in deiner Lage? Kalt sei deine Devise! Und hast du keine Dusche, dann ist Waschlappen angesagt.
Wenn du dich doch einem Warmduscherlebnis hingegeben hast, dann solltest du dich umgehend wieder aufladen, damit du keinen Schaden nimmst. Die Methode ist sehr einfach, nur vergessen sollte man das nicht.
In Phase I berührst du mit deinem Mittelfinger deinen Damm zwischen Genital und After und schwebst im Abstand von drei bis fünf Zentimetern über deiner Körperoberfläche an dessen Mittellinie entlang ganz langsam Richtung Kinn und berührst dich zwischen Kinnspitze und Unterlippe.

Sieben mal muss das wiederholt werden, aber bitte führe die Hand niemals auf dem gleichen Weg zurück. Außen herum ist notwendig, sonst ziehst du den Reißverschluss wieder auf.
In Phase II wird das gleiche auf der Rückseite des Körpers wiederholt: Vom Ende des Steißbeins, über den Hals, Kopf und über die Nase, bis zu dem Punkt zwischen der Oberlippe und der Nasenspitze.
Richtig, das geht nicht so gut wie auf der Vorderseite.
Mit der linken Hand beginnt man unten am Steißbein und führt sie bis etwa zur Mitte. Mit der rechten Hand fährt man von hier nach oben. Wenn du das sehr aufmerksam verfolgst, merkst du, wie du die Schwingungen der linken Hand aufnimmst und nach oben führst. Versuche es nur, du bist ja inzwischen schon ein Spezialist geworden. Auch jetzt, bitte, die Hände nach außen nach unten führen.
Frauen polarisieren die Bauchseite am besten mit der linken Hand, Männer mit der Rechten.
Auf der Rückseite ist das für beide Geschlechter gleich. Die Handflächen müssen immer der Körperdecke zugewandt sein.
Die Reinigung deiner Haare verlangt die Inhaltstoffe der Brennnessel. Ob Du dir einen Brennnesselauszug mittels Alkohol selbst fabrizierst, oder ob du ein Brennnesselhaarwaschmittel kaufst, überlasse ich deiner Intelligenz.
Aber auch nach so einer Haarwäsche muss polarisiert werden! Höchstens zweimal in der Woche ist die Haarwäsche erlaubt, keineswegs öfter.
Deine Haartracht darf Ohrläppchenlänge nicht überschreiten, damit dir nicht zu viel Kraft über deine Antennen verloren geht. Natürlich weiß ich, wie sehr du an deinen langen Haaren hängst; aber du solltest wissen, dass früher die Prinzessinnen mit ihren langen Haaren reihenweise in Ohnmacht gefallen sind. Die Sklaven auf den Schiffen hat man aus diesem Grunde kurz geschoren. Die mussten nämlich extreme Leistung hergeben.
Du musst nun für lange Zeit dein eigener Sklave sein, um alle Kräfte für deine Gesundung zu mobilisieren.
Ohrringe, Halskettchen aus Metall und Metallarmbänder stehlen dir die halbe Lebenskraft. Hänge sie auf blauem Samt an die Wand, dann hast du auch Freude von dem Anblick.
Deine Kleidung bedarf überwiegend der Farbe Grün. Sie ist die Farbe der Aufladung deiner Batterie. Blau ist hochkarätiges Gift für dich. Rot und Gelb bedeuten für dich Kräfteverlust, weil sie dich verführen, mehr von dir zu verlangen, als dein Körper in der Lage ist zu geben.

Braun in kleinen Flächen ist möglich, etwa als Hose oder Pulli, aber nicht beides zusammen, und auch nicht, wenn zu viel schwarz darin enthalten ist. Schwarz solltest du meiden wie die Pest! Schwarz würde bedeuten, dass du dich aufgibst. Das gilt auch für dunkle Grautöne. Weiß und helle Graue Kleidung ist erlaubt, wenn du nicht gerade eine graue Maus damit aus dir machen würdest. Schockfarben, alle wie sie heute üblich sind, bleiben für dich ein Leben lang absolut „out".

Violett, Purpur und Lila stehen dir entwicklungsmäßig noch nicht zu. Das ist nur Priestern und höheren Chargen erlaubt.

Wichtig ist ferner, was du und in welcher Ordnung du isst. Vielleicht hast du schon etwas von Trennkost gehört. Die Trennkost besagt, dass man tierische Eiweiße nicht mit Kohlehydraten in einer Mahlzeit miteinander mischen darf. Schlage getrost vorne in diesem Buch unter dem Kapitel *Die drei Säulen des Lebens* über die Trennkost nach.

Das bedeutet, dass Fisch, Fleisch, Eier, Kaviar und Muscheln nicht mit Kartoffeln und allem unter der Erde wachsendem Gemüse, sowie mit allem was aus Getreide gemacht wird, gemischt gegessen werden darf. Alles Gemüse dagegen, das über der Erde wächst, passt zu beiden vorgenannten Gruppen. Warum das so ist, will ich dir an dieser Stelle nicht erklären. Nur soviel sei dazu gesagt: Wer das nicht einhält, reichert sein Blutgefäßsystem unmäßig mit Entzündungsstoffen und Stickstoff an. Über den Daumen gepeilt sind das etwa zehnmal so viele, als wenn man die Nahrung sinnvoll trennt.

Nur drei Nahrungsgewohnheiten musst du vergessen: Du darfst keine Milch mit ihren Produkten Käse, Quark, Joghurt und Buttermilch verzehren. Du darfst keinen schwarzen Tee, keinen Kaffe, auch keinen Karo- oder Kornkaffe trinken und keine Röststoffe in Form von Toastbrot, schwarzen Rädern von gebratenem Fleisch oder Pfannkuchen und Bratkartoffeln mit Röststoffen zu dir nehmen. Du darfst keinen herkömmlichen Kristallzucker in Form von Schokolade, Marzipan, Eis, kandierten Früchten, Karamell usw. essen.

Zucker allerdings braucht der Mensch. Es muss nur der richtige sein, und da ist dein Stichwort FRUCHTZUCKER. Alles Süße aus Fruchtzucker ist deswegen erlaubt, weil nicht wie bei dem herkömmlichen Kristallzucker pro Teelöffel circa 1 000 000 Zellen im Kapillarbereich zerstört werden.

Das ist nicht nur eine Stoffwechselkatastrophe. Es ist die einzige Landebahn für Vieren im Menschen. Und was sagt unsere Wissenschaft: AIDS ist eine Viruskrankheit aus der Infektion vom HIV Virus.

Ich will gar nicht streiten, ob das stimmt, aber aus dieser Sicht heraus wäre es falsch, den herkömmliche Zucker zu konsumieren.
Ich fasse kurz zusammen: Verboten sind Milch mit ihren Produkten, alle Röststoffe, gleich welcher Herkunft und herkömmlicher Zucker; also Kaffee, Milchprodukte, Milch, Alkohol in jeder Form, und natürlich das Rauchen. Ganz besonders verboten sind alle Antibiotika, die aus Pilzmyzelien hergestellt sind. Nicht verboten ist als Antibiotikum das colloidale Silber.
Erlaubt ist alles andere, allerdings nur unter Berücksichtigung der Einschränkungen durch Trennkost.
Ein weiteres, sehr wichtiges Verbot nenne ich dir jetzt erst, weil es so ganz besonders wichtig ist: Das SÜSSE LEBEN!
Dieses süße Leben ist die Hauptquelle deiner Krankheit und das musst du einsehen lernen. Es hat keinen Sinn, einen Eimer immer mit Wasser nachzufüllen, wenn er unten ein Loch hat.
Ich hoffe, du verstehst den Vergleich. Die Infektionsquelle muss natürlich verschwinden. Es geht nicht an, ständig mit wechselnden Partnern zu schlafen, von denen man nicht einmal ahnt, ob sie infiziert sind oder nicht.
Wenn du dich aus lauter Sorge vor Neuinfektion mit Penicillin voll stopfst, machst du damit deinen Stoffwechsel jedes Mal schwächer gegen Infektionen. Damit geht dein ganzer Stoffwechsel vor die Hunde.
Gut, wenn du bei einem Partner bleibst, von dem du weißt, dass er HIV-frei ist, oder aber deine Kur mit dir zusammen durchziehen will, dann ist das in Ordnung. Liebe muss das sein, gleich ob zum gleichgeschlechtlichen Partner oder auch nicht.
Nur unter dieser Bedingung ist deine Kur zur Bewältigung deiner Krankheit durchzuziehen. Wie diese Kur aussehen wird, willst du wissen.
Du bekommst drei Wochen lang täglich (bis auf Samstag, Sonntag und Montag) homöopathische Mittel zum Einnehmen und Spritzen, die deine Körperabwehr aufbauen sollen und welche, die deine gespeicherten Gifte ausleiten werden.
Jede dieser Spritzen wird mit deinem frisch entnommenen Blut gemischt und rehinjiziert. Das mag am Anfang einige Beschwerden machen. Wir nennen das Erstreaktionen oder Erstverschlimmerungen. Das vergeht aber ziemlich schnell und dann wirst du das Gefühl des Erstarkens und Wiederaufbaues bekommen.
Wie die aussehen? Du meinst, wie die sich bemerkbar machen? Ich weiß es nicht genau, und keiner kann es dir genau voraussagen.

Es kann sein, dass du Gelenkschmerzen, Schnupfen, Durchfall, Bronchitis, Leibschmerzen, Schmerzen im Genital oder im Unterleib bekommst. Vielleicht das eine, oder nur das andere, vielleicht aber sogar alles auf einmal. Nimm es hin. Es ist besser ein „Ende mit Schrecken, als ein Schrecken ohne Ende."
Ein weiteres Problem solltest du dir einmal durch den Kopf gehen lassen. Was denkst du wohl, warum du geboren worden bist. Ja sicher, deine Eltern haben das mit einiger Freude veranstaltet, oder auch nicht. Wie auch immer: Etwas hat bewogen, dass du als Erdenbürger auf diesem Planeten erschienen bist. Und ganz sicher hat deine Mutter dich nicht ohne Schmerzen geboren.
Glaubst du wirklich im Ernst, dass dieses alles ohne Sinn gewesen sein soll? Ist es nicht viel eher so, dass wir in ein Schicksal hineingestellt werden, dessen Schwierigkeiten wir als „Schulaufgaben" zu lösen haben?
Oder hast du schon jemals erlebt, dass ein Mensch ohne Zwang sein Pensum erledigt?
Richtig, in der Schule geht das schon los und wie du ganz richtig bemerkt hast, deine Schularbeiten hast du nur selten gemacht. Findest du das heute noch so gut? Siehste. So ist das nämlich! Jeder hat seine Aufgaben mit auf die Welt gebracht, und wenn wir sie nicht erledigen, dann wird uns die Quittung unter die Nase gehalten. AIDS ist so eine Quittung.
Nein, nein, ich will nicht verlangen, dass du in die Kirche eintrittst, aber ich möchte, dass du erkennst, dass hinter dem Schicksal etwas steht, was uns leben lässt. Oder ist dir das Leben allein schon nicht doch ein großes Wunder?
Ob wir da von Gott sprechen, ob wir sagen, das ist der Kosmos, oder einer von der Vielzahl fremdländischer Gottbezeichnungen. Eines ist ganz sicher, alle diese Bezeichnungen meinen das gleiche Prinzip. Und wäre es da nicht gut, dieses große Prinzip irgendwie kennen zu lernen.
Wenn du willst, kannst du es hören und fühlen. Dieses Prinzip ist Schwingung.
Mach einmal den Versuch und halte deine nach auf oben offenen Hände über deine Oberschenkel und belausche das intensive Strömen in die Hände hinein. Wenn du sie nach einer Weile umdrehst, merkst du, wie etwas aus ihnen herausläuft. Die Bibel spricht dann vom Wasser des Lebens, das nicht deine Hände netzt. Wenn du dein Hände über die Ohrmuscheln hältst und lauscht, hörst du diese Schwingungen auf und ab schwellen, wie die Trägerwelle im Radio, wenn keine Musik gesendet wird.

Diese unendliche, kosmische Energie, ist in der Lage uns zu heilen, und die Magnetiseure wissen das und behandeln damit ihre Patienten. Dazu braucht man eigentlich gar keinen Vermittler. Das kannst du auch selbst. Einiges darüber hast du ja schon gelernt. Jetzt kommt es darauf an, dass dir diese Energie bewusst wird, und dann kannst du sie mit deinen Gedanken überall dort hin lenken, wo du sie brauchst.
Ein alter Indianer hat mir einmal verraten, wie das am besten geht: Mit der Einatmung konzentrierst du dich auf deinen Bauchnabel und mit der Ausatmung dort hin, wo du die Energie benötigst. Danach musst du eine Atempause einlegen, und dann geht es wieder von vorne los. Du wirst überrascht sein, welche intensive Wirkung du bei relativ geringer Übung erzielen kannst. Die Atempause darf jedoch nicht erzwungen sein. In dieser Pause verstärkst du die empfangene Schwingung gut um das Doppelte.
Somit wären wir am Ende unserer Unterredung. Zum wiederholten Male möchte ich dich daran erinnern, dass diverse Schwierigkeiten bei deinen Bemühungen entstehen werden und dass du durch etliche Erstverschlimmerungen hindurch gehen müsst, weil dein Körper die vielen Gifte irgendwie wieder loswerden möchte. Fürchte dich bitte nicht. Diese Achterbahnfahrt lohnt sich!

So, mein Lieber, wenn ich dir hier eine Rezeptur anfüge, rate ich dir, damit zu einem Behandler zu gehen, mindestens wegen einer ständigen, freiwilligen Kontrolle und wegen der möglichen und wahrscheinlichen Erstverschlimmerungen.

- Mucokehl D5 Dil. 14 Tage 2 x tgl. 5 Tr. pur und nüchtern
- Nigersan D5 Dil 14 Tage 2 x tgl. 5 Tr. pur und nüchtern
- Nigersan D5 Dil über die ganze Zeit abends 5 Tr. pur und nüchtern
- Utilin Stark Kapseln 1 x wöchentlich eine Kapsel vor dem Schlafen
- Qentakehl D5 Dil ab 4. Woche täglich morgens 7 Tr. pur und nüchtern
- Carduokatt vor dem Mittagessen 15 Tr/ Wasser ab der dritten Woche

- Solidagore nach dem Frühstück 15 Tr / Wasser ab der dritten Woche
- Lymphdiaral vor dem Frühstück und Mittag 15 Tr / Wasser
- Täglich 2x 1 Teelöffel voll Petroleum. D 1, ca. ein viertel Jahr Apotheke, 100 ml.
- Täglich 2x ½ Eierbecher colloidales Silber. Nur vom Direkthersteller oder bei mir zu beziehen. Die Apotheken haben es leider nicht mehr vorrätig.

- MUCOKEHL D6 Ampullen 2x wöchentlich morgens im Tee (intramuskulär).
- Nigersan D6 Ampullen 2x wöchentlich abends im Tee.
- Quentakehl D6 Ampullen 2x wöchentlich nachmittags im Tee.

Als Tee ist zwingend für dich der chinesischer Grüner Tee geboten, mindestens einen Becher morgens und einen Becher indischen Nierentee. Ansonsten ist dir jeder Kräutertee erlaubt, soviel als du in Kilogramm schwer bist in Kubikzentimeter. Beispiel: Du wärest 175 Zentimeter groß und würdest 65 Kilogramm wiegen, dann müsstest du 1 ¾ Liter Wasser bis 16°° Uhr getrunken haben und dürftest zusätzlich einen reichlichen halben Liter Tee am Tage zu dir nehmen. Der chinesische grüne Tee schwemmt circa siebzig Prozent an Radikalen aus deinem Blut aus, und Wasser ist die beste Müllabfuhr. Das ist bitte nicht zu unterschätzen!

Wenn ich dir eine Gesamtübersicht über deine Situation gegeben habe, bedeutet das, dass du zunächst vor einem Berg von Informationen stehst. Bitte sei so klug und lies alles mehr als einmal durch. Wenn du die Tragweite dessen begriffen hast, versuche nicht alles auf einmal zu machen. Das würde zu überhöhten Erwartungen, die sodann nicht alle auf einmal eintreten können, führen.
Schritt für Schritt richte dich nach den Anweisungen. Nur so wird es dir möglich sein, mit deinem Leiden fertig zu werden. Und nicht nur das wird dir geschehen, du wirst völlig neue Lebensqualitäten erleben. Die Welt wird sich dir erschließen, wie du es nicht für möglich gehalten hast.
Ich wünsche dir dafür alles erdenkliche Glück!

Die

Cholesterinhysterie

Fast jeder meiner Patienten hat klinisch einen viel zu hohen Cholesterinwert gemessen bekommen. Die Angaben schwanken dann so um die 140 bis 200, manchmal sogar um die 3 bis 400 mg.
Wenn ich ihm dann zu verstehen gebe, dass mich dieser Wert nicht sonderlich interessiert, argumentierten sie oft sogar weiter: Aber Ihr Herr Kollege XYZ hat das auch gemessen und ein sehr besorgtes Gesicht gemacht.
Nun müsste ich diesen Patienten eigentlich sagen, dass sie dann ruhig zu dem Kollegen zurückgehen müssen. Tue das allerdings nicht. Ich mache mir die Mühe ihnen zu erklären, warum ich kein Interesse an dem zu hohen Wert habe.
Nebenher gesagt, tut es mir außerordentlich leid, dass auch eine ganze Reihe von Heilpraktiker-Kollegen der chemischen Industrieverführung folgt und Cholesterinsenker verordnen.
Meinen Patienten versuche ich klar zu machen, dass ihr Organismus nichts Verrücktes tut, außer wir sind es, die ihm Unsinniges zufügen, nämlich, dass wir ihn mit Röststoffen, Metallgiften, chemischen Arzneimitteln oder anderen Giften bombardieren. Das allerdings bedingt eine echte, unerwünschte Erhöhung der Cholesterinwerte.
Die Leber, als große Baustofffirma, stellt Baustoffe zu Reparaturzwecken her und ich habe noch kein Mauermann kennen gelernt, der an einem Haus Reparaturarbeiten ausführt, ausschließlich mit Mauersteinen und Sand. Braucht er nicht etwa Wasser und Zement dazu?
Ich kann auch aus diesem Grund nicht verstehen, dass einer der Baustoffe ein böser sein soll und der andere ein guter.
Habe ich am Po einen kleinen Pickel, ist es wohl doch natürlich und gleich richtig, dass der Körper alle nötigen Baustoffe bei der Baustofffirma anfordert. Senke ich in so einem Fall den Cholesteringehalt im Blut, verhindere ich eine Heilung, oder?
Was sagt denn überhaupt der Cholesteringehalt im Transportmittel Blut aus: So und so viel wird transportiert, doch weiter nichts. Weder wird mir erzählt wohin es transportiert wird, noch wie viel davon und wo es eingelagert wird. Es sei denn, ich gucke dem Patienten in die Augen und kann darin ablesen, wozu Cholesterin gebraucht wird und wohin es kommt, werde ich nicht schlauer sein.
Meine Erfahrung hat mir gezeigt, dass sich hohe Cholesterinwerte oft im Blut befinden, sich jedoch keinerlei Einlagerungen im Gewebe des Patienten finden lassen. Andererseits habe ich diverse Male erlebt, dass Patienten

niedere Werte mitbrachten und bis zum Stehkragen mit Cholesterin abgefüllt waren.
Unlängst ist mir sogar ein Patient von der Klinik überwiesen worden mit den Worten, „den Patienten übernehmen Sie man jetzt. Der ist mit besten Werten heute entlassen worden."
Als ich ihn vor meinem Augenddiagnosegerät sitzend betrachten konnte, habe ich ihn sofort zur Klink zurückgeschickt. Am nächsten Tag war er mit besten Messergebnissen verstorben.
Für mich ist die Cholesterinfrage ein reines Pharma-Geschäft. Die Industrie ist in diesem Bereich ohne Skrupel. Sie tut alles, um sogar Gesunde vorbeugend mit ihren Produkten zu überschwemmen und der Ärzteberuf ist längst an die Industrie verkauft.
Dabei haben Forschungen schon vor circa zehn Jahren ergeben, dass Herzinfarkt und Bluthochdruck überhaupt nichts mit dem Cholesterinspiegel im Blut zu tun haben. Dr. Kern hat nachgewiesen, dass ein Herzinfarkt eine Erkrankung der Muskulatur des Herzens ist und nichts mit dem Zustand der Blutgefäße zu tun hat.
Industrieslogan: Alle Menschen über dreißig Jahren sollten vorbeugend Cholesterinsenker konsumieren. Na, das ist doch ein wunderbares Geschäft. Du kannst so viel Fett und sonst auch alles essen, wenn du nur tüchtig vorbeugst und Cholesterinsenker futterst!
Welcher Laie vermag dieser Verlockung zu widerstehen?
Ich bin entsetzt, wie viele Leute ihr Dasein in die Hände der Pharmaindustrie legen und damit einen frühen Tod in Kauf nehmen.
Kalifornische Studien haben gezeigt, dass Patienten, denen Cholesterinsenkende Mittel verabreicht wurden, dadurch ein erheblich erhöhtes Herzinfarktrisiko hatten.
British Medical Journal berichtete, dass Menschen, die mit Cholesterin senkenden Mitteln in Versuchsreihen behandelt wurden, eine erhöhte Sterblichkeit durch Herz- und Kreislauerkrankungen aufgewiesen haben und nach Verletzungen eine sehr viel schlechtere Heiltendenz als Unbehandelte Patienten hatten.
Bei Frauen scheint diese Frage noch deutlicher hervorzutreten: Eine Untersuchung von 15.000 Frauen in Schottland hat gezeigt, dass Frauen mit hohem Cholesterinspiegel ein deutlich geringeres Risiko aufwiesen, an Herz- oder Kreislauferkrankungen zu sterben. Aber auch bei Männern hat sich das gleiche ergeben mit nur kaum geringfügigeren Cholesterinwerten.

Ich frage mich, wo bleibt bei den Ärzten der eherne Grundsatz: „Nil noscere." Nicht nur Tod und Depressionen sind Folge dieser industriellen Beglückung. Übelkeit, Erbrechen, Darmträgheit, Impotenz, Kopfschmerz, Erschöpfungszustände, Schläfrigkeit, Ausschlag, Juckreiz, Haarausfall, Gewichtszunahme, Schwindel, Herzrhythmusstörungen, ähnlich einer Muskelentzündung in der Brust, Unterleibsschmerzen, Pankreasentzündung, Blähungen, Nervenstörungen und Überempfindlichkeit können Folge sein.
Statt chemischer Mittel, oder auch so genannter biologischer Cholesterinsenker zu verabreichen, sollte man viel mehr den Patienten lehren, wie man auf seinen Körper hört. Er kann uns nämlich eine ganze Menge mitteilen. Kleinere Symptome, die oft nur als lästig empfunden werden, sollten nicht voreilig behandelt werden, auch wenn sie anzeigen, dass etwas nicht in Ordnung ist. Andere Anzeichen werden gerne ignoriert, weil man sich deren Bedeutung nicht bewusst ist.
Stechende Schmerzen beim Tragen, Rückenschmerzen bei Gartenarbeit, Übelkeit nach einem Festessen, Durchfall nach gewohnter Kost, Hustenreiz mit dickem Auswurf, ungewöhnliche Reizerscheinungen auf der Haut, und Krämpfe in den Waden sind solche Symptome, die oft nicht ernst genommen werden. Es wäre aber töricht, wenn man sie ignorieren würde. Bei sorgsamem Abwägen kann man jedoch auch diese mit Erfolg durch entsprechende Ernährung, und nur gelegentlich unter vorsichtiger homöopathischer oder isopathischer Begleitung regulieren. Mancher Schmerz ließe sich außerdem durch geistige Disziplin überwinden.
Wenn ich bedenke, dass der Mensch zu circa fünfundsiebzig Prozent aus Wasser besteht, diesem hoch intelligentem Element, dann dürfte es nicht schwer sein, dem Patienten zu erklären, dass er zumindest funktionelle Krankheitssymptome auf diesem Wege überwinden kann, indem er mit seinen Organen sprechen lernt, so, wie man mit einem vernünftigen Menschen sprechen würde.
Liebe Kollegen, auch die von der Ärzteschaft, leitet eure Patienten an, vernünftig zu essen und lockt sie fort von toter Nahrung, Fastfood, Fleisch, erhitzten Fetten, Kristallzucker, Röststoffen, Milch, Käse, Quark, Yoghurt und scharfen Gewürzen.
Zeigt ihnen die Bedeutung der Pflanzen im Verhältnis zum Fleisch. Lehrt sie Soja in seinen vielfältigen Gesichtern zu schätzen. Schon das heilt so manches Leiden. Immerhin spendiert uns Fleisch achtzigmal so viel Stickstoff, als die Pflanze.

Und warum wird die notwendige Trennkost verteufelt? Wahrscheinlich weil sie dem Patienten zu gut tut. Stattdessen überlastet ihr die Nieren mit drei Litern ungereinigtem Wasser pro Tag, oder mit anorganisch verdrecktem Mineralwasser.
Sollte das nicht zu denken geben? ich will keine Pharisäer erziehen, aber ich wünsche mir gesunde Patienten.
Das wünscht euch ein seit fünfundvierzig Jahren in der Praxis tätiger Heilpraktiker (Zwar sicherlich ein Auslaufmodel, aber,--- na ja!).

***

Das

große und einzige

Pinkel - Brevier

Über den Verfasser

Hier äußert sich ein Autor aus altem Schrot und Korn, der sich auf das siebenundachtzigste Lebensjahr zu bewegt. Reife und Erfahrung haben sein Leben geprägt. Ihm ist nichts fremd geblieben und so befindet er sich auch in der Lage, Dinge beim Namen zu nennen, die sonst nur schamhaft und hinter der Hand angedeutet oder zuweilen auf diversen Holztäfelchen niedergelegt worden sind. Die angebliche Lösung dieses Problems sollen sie darstellen, und werden auf Märkten gehandelt als des Problehmes letzter Schluss.

Schon vor dem 2.Weltkrieg hatte er sein Studium in Physik, Chemie und Mathematik fast fertig abgeschlossen. Nach dem Krieg, in dem er sein linkes Bein verlor, wechselte er in die Heilkunde und gründete eine weltweit anerkannte Heilpraxis.

Aus seinen mannigfaltigen Begegnungen mit weiblichen und männlichen Patienten verdichtete sich ein Wissen.

So hat er sich nun bemüht, Licht in die Dunkelheit dieser finsteren Materie zu bringen.

Kapitelübersicht

Nach einer kurzen Einleitung befasst sich der Autor mit den Ursachen menschlicher Unreinlichkeiten auf dem „Stillen Örtchen“. Eigene Erfahrungen, Berichte von Patienten und physikalische, physiologische und psychologische Hintergründe werden aufgezeigt und gedeutet.

Erst danach zieht der Autor Schlussfolgerungen und gibt Anweisungen, wie's denn eigentlich sein sollte.

Im Schlusswort zieht der Autor einen Bogen von Ursache und Wirkung und weist auf die psychologische Bedeutung gegenseitigen Verständnisses hin.

Das möchte ich dir als Autor im Voraus sagen

Anstoß zu dieser kleinen Abhandlung war die Klage einer neu gebackenen Ehefrau, die mir verzweifelt vortrug, dass sie sich nach ihrer Eheschließung vorkäme, wie eine Klofrau. "Man kann sich das gar nicht vorstellen“,

weinte sie, „nicht nur die Brille ist bespritzt, auch der Fußboden und oft sogar die Wände."
Den Ehemann habe ich mir vorgeknöpft und ihn gefragt, ob er denn mit seinen achtundzwanzig Jahren noch immer nicht einmal richtig pinkeln könne.
Mir erwuchs daraus die Erkenntnis, wie viele Ehefrauen unter diesem Trauma leiden.
Allerdings muss ich der Gerechtigkeit halber erwähnen, dass es nicht nur das männliche Geschlecht ist, das unser „Stilles Örtchen“ verdrecken lässt. Das erlebe ich fast ständig in meiner Praxis.
Als Student bewohnte ich in München meinen Wohnwagen hinter einer Tankstelle. Der Tankwart ließ mir den Standplatz umsonst. Ich durfte sogar soviel an elektrischem Strom entnehmen, als ich zum winterlichen Heizen benötigte. Einzige Bedingung war, das Klo sauber zu halten. Natürlich ging ich mit Freuden darauf ein, nicht ahnend was da auf mich zukam. Täglich zweimal habe ich geputzt. Alles wurde beschmiert und verdreckt, sogar die Wände bis in Stehhöhe mit Kot und Blut. Damenbinden lagen neben und hinter dem Becken, obgleich ich fast jede Woche ein neues Eimerchen spendierte, um diesen Unrat aufzunehmen. Die Eimer wurden geklaut und der Dreck blieb auf mir hängen. Das waren also nicht nur Männer.
Bei Patientenbesuchen habe ich ähnliche Verhältnisse, nicht ganz so krasse, aber doch eben so häufig vorgefunden und das in sehr noblen Häusern. Das nur nebenbei.
Ich meinte bis dato immer, dass Klo und Küche die Visitenkarte des Hauses sein sollten. Da weder Mann noch Frau Sklaven des Partners sein dürften, müsste es doch möglich sein, beide Orte so zu verlassen, wie man sie vorgefunden hat. Und wenn einem dann doch einmal etwas daneben gegangen ist, sollte es nicht zu viel verlangt sein, dass Mann oder Frau ein zusammengefaltetes Papierchen nimmt, um den Schaden zu beseitigen. Wer hätte nicht Verständnis dafür, dass Frauen vermeiden, sich bei einer viel benutzten Toilette hinzusetzen. Die Gefahr der Infektion in sauberen Toiletten ist denkbar gering, zumal wenn man notfalls die Brille mit Papier abputzt. Keime gibt's zuhause genau so viele wie überall. An sie sind wir angepasst. Und wie muss ich mir das vorstellen, dass die Genitalien der Frau die Brille beim Hinsetzen berühren. Unvorstellbar, es sei denn jemand wäre Akrobatin. Das sieht allerdings beim Mann anders aus, denn hier ist die Berührung mit der Brille zu neunzig Prozent gegeben. Aber auch da gibt es nach menschlichem Ermessen eigentlich kein Problem.

Ich stelle also fest, dass das Problem des Vorbeipinkelns beide Geschlechter gleichermaßen betrifft. Ich stelle aber auch fest, dass ein großes Maß an Rücksichtslosigkeit von beiden Geschlechtern dieses Thema beherrscht. Die Frage lässt sich also nicht vom Standpunkt der einen oder der anderen Seite erfolgreich beantworten. Deswegen will ich versuchen, Wege zu finden, die den Menschen veranlassen, den Denken "Nach mir die Sündflut" zu überwinden. Ich will zu diesem Zweck versuchen, Ursachen zu finden.

Die Ursachen

Die Überschrift signalisiert es: Es gibt derer mehrere. Sicherlich steht an erster Stelle die Erziehung und was Hänschen nicht lernt, geht dem Hans offensichtlich nur sehr schwer ein. Es ist unfasslich, dass Mütter sich klaglos zu Sklaven der Familie machen lassen. Es ist aber auch nicht verständlich, dass Mütter oder Väter mit ihren Kindern zwar in einem Bett schlafen, jedoch nicht den Mut aufbringen, über die Sauberkeit im genitalen Bereich zu sprechen. „Nein, das ist mir zu genierlich", bekomme ich bei diesem Thema meist als Antwort. Hier steht das Wort Erziehung ganz klein geschrieben. Eine weitere Ursache ist Überempfindlichkeit. Die Angst sich Infektionen zuzuziehen, ist so riesengroß, dass besonders Frauen sich zu jeder Art von Geschäft über die Brille stellen oder hocken. Dass Resultat eines solchen Verhalten all zu oft nicht nur daneben, sondern auch in die Hose geht, ist mehr als voraussehbar. Die Folgen werden gerne übersehen: Soll doch der nächste damit fertig werden. Dabei ist die Infektionsmöglichkeit fast unmöglich. Als eine Patientin meinte, sie habe den Herpes genitales(= Gürtelrose im unteren Bereich, als häufigste Geschlechtskrankheit fast ausschließlich psychischer Natur) auf dem Klo geholt, habe ich ihr geantwortet: „Wie unpraktisch." Die Herpesviren sitzen im Kreuzbeinbereich und lauern auf ihre Gelegenheit, tätig werden zu können. Das ist ganz bestimmt nicht auf dem gewissen Örtchen. Die wirkliche Ursache ist ein schlechtes Gewissen. Frau oder Mann ist fremdgegangen und das löst einen psychisch-pathogenen Druck auf die untere Sphäre aus. Unser Virus fühlt sich wohl und breitet sich aus.

Erkrankungen der Harnröhre können selbstverständlich auch weitere Ursachen haben. An erster Stelle wäre an Geschlechtskrankheiten zu denken und weiter an Erkrankungen der Prostata. Gerade sie alle sind es, die fast zwangsweise Verunreinigungen verursachen weil, sie die absonderlichsten

Störungen beim Wasserlassen aufweisen. Manche Menschen stehen auf dem Standpunkt, es ist eh überall dreckig, warum soll ich mich damit auseinandersetzen. Wenn aber der Urinstrahl wie aus einem Duschkopf herauskommt, dann sollte umgehend eine medizinische oder homöopathische Therapie eingeleitet werden. Natürlich kann man dann nicht mehr richtig zielen. Wäre es dann nicht rücksichtsvollerweise notwendig, wegen möglicherweise infektiösen Materials, peinlichst sauber zu sein und alles sofort zu beseitigen?
Dem weiblichen Teil gebe ich den zusätzlichen Rat, den haarigen Urwald um die Scheide herum zu rasieren. Ein Zentimeter Länge des Haarwaldes würde immer noch präsentabel aussehen. Wie soll ein Urinstrahl gezielt herabrauschen können, wenn die Harnröhre wie Dornröschen in ein undurchdringliches Geflecht aus stinkenden Haaren eingekerkert ist.
Wenn du meinst, das seien Ausnahmen, dann irrst du dich gewaltig. Wie oft habe ich Patientenklos betreten, um mir die Hände zu waschen.
Selbst das war mehr als häufig eklig genug, ganz zu schweigen vom Klobecken und deren Deckeln, die ja eigentlich als Zu-Deckel gedacht, selten aber heruntergeklappt sind und so das dreckige Debakel nicht einmal abdecken und wenigstens zu verstecken suchen.
Dass Menschen, die im eigenen Heim nicht an Sauberkeit denken, im Lokal, auf der Tankstelle oder in einem öffentlichen Abort ebensolche Versagensmuster zeigen, braucht nicht zu verwundern. Wohnzimmer und Auto sind in der Regel supergepflegt. Die Kleidung zeigt, was man sein möchte, aber die Regio Genitalis und Analis lässt in achtzig Prozent der Fälle zu wünschen übrig. Bist du dir etwa auch zu fein, um damit sinnvoll umzugehen?
Falsche Ernährung lässt den Drang aufs Örtchen zu eilen zum Teil bis zum halbstündlichen Zwang anwachsen, sowohl bei großen wie auch bei kleinen Geschäften. Bei einer zunehmenden Häufigkeit steigt mit der Zeit auch eine innere Verdrossenheit dagegen und die Reinlichkeit bleibt auf der Strecke.
Was ist falsche Ernährung, fragst du? Alles das, was Nieren und Blase ständigem Reiz ausliefert.
Ich denke da an den herkömmlichen Kristallzucker, der pro Teelöffel etwa eine Million Zellen in deinem Körper sterben lässt. Denke einmal, was das bedeutet. Stelle dir vor, 1 000 000 Häuser würden durch einen Bombenangriff in Norddeutschland zerstört. Ich denke hier an Kaffee, der nach Zerstörungen in der Leber, die Nieren mit falsch aufbereiteten bombardiert.

Ich denke weiterhin an Milch und Milchprodukte, die Rheumaschübe erzeugen und somit auch wieder die Nieren schädigen.
Die lieben uneinsichtigen Raucher muss ich ansprechen, die mit jedem Atemzug circa neunhundert Gifte inhalieren. Gar nicht zu reden von der hohen Radioaktivität, die im Tabak lauert. Alkohol gehört natürlich auch zu den Nieren - Blasenschädigern. Als letztes nenne ich den übersteigerten oder unterdrückten Sex, der beim Mann wie auch bei der Frau nachhaltige Schäden zur Folge zu haben vermag, wenn z.B. der Genitalschleim anfängt einzudicken und dann die Harnröhre verklebt. Das tut nicht nur weh. Die Schleimhaut derselben wird unter Umständen erheblich beschädigt. Diabetiker können davon ein Lied singen und ganz besonders deswegen, weil sie die Essfehler, die sie gemacht haben, nicht mehr rückgängig machen können, weswegen sie dann dauernd pinkeln müssen.
Was du als Mensch brauchst, um gesund zu bleiben, ist Obst und frisches Gemüse. Fleisch und Fisch, sagt unser guter alter Kneipp, darf höchstens einmal die Woche gegessen werden. Unlängst hat die größte Forschungsanstalt auf unserem lieben, alten Planeten, die Queensland University, den gleichen Satz geprägt. Fleisch enthält nämlich viel Stickstoff, wiederum ein Nierenschädiger, wenn davon zu viel ins Blut gelangt. Der Kaffee ist ein weiterer Gegner. Er zerstört mit jeder Tasse circa acht tausend Leberzellen. Das sollen dann deine Nieren auch noch bewältigen. Warum trinkst du nicht Wasser. Als Getränke stehen dir außerdem über tausend Kräutertees zur Verfügung. Sie alle haben die Eigenschaft, dich gesund zu machen.
Wasser ist für deinen Organismus die einzige Müllabfuhr. Nach Kneipp benötigst du so viel davon, als du in Zentimetern groß bist. Getränke sind nur Zulieferanten, und wenn sie ihre Rucksäcke abgegeben haben, können sie nichts mehr heraus transportieren.
Unsere liebe Psyche ist auch mit von der Partie. Ich habe es schon mit angesprochen: Mehr Schein als sein. Der Hang, sich nach außen hin zu präsentieren, ist mehr denn jäh „in“. Dadurch erlischt allmählich alles, was innere Werte ausmacht: Ästhetik, Schönheitsempfinden, soziales Empfinden und letztlich die liebe Liebe nicht nur im zwischenmenschlichen Bereich ist sie wichtig, sondern sie gehört auch zum sozialen Gefüge. Unsauberkeit ist schlicht und einfach purer Egoismus.
Alles, was von innen nach außen dringt, ist aufbauend, lösend und erlösend. Wird jedoch jeder Impuls von außen nach innen konsumiert, erleidet der oder die Betreffende eine Kompressionserkrankung und eine Verhärtung nicht nur der Seele.

Nierensteine, Gallensteine, Sklerosen, Harnröhrenverengung, Asthma und in letzter Konsequenz Krebs. Das alles sind dann unausweichliche Folgen. Liebe kann bekanntlich Berge versetzen. Egoismus dagegen macht unleidlich, hässlich, unliebenswürdig, uneinsichtig und dumm. Nieren, Blase und Darm quittieren selbstverständlich dein Verhalten in die eine oder andere Richtung. Was also willst du aus deinem Leben machen. Pack deinen Egoismus in die Mülltonne. Das ist dafür ein ganz sicherer Tresor. Dein Motto sei: „Glücklich machen!"
Im Übrigen vermute ich, dass deine Abwehr gegen die Brille ganz andere Ursachen hat, als die der Infektionsgefahr. Das ist nur eine Ausrede, vielleicht ohne dass du dir dessen bewusst bist. Wenn in der Eisenbahn gerade nur ein Sitzplatz frei geworden ist, auf dem jedoch ein dir sehr unsympathischer Mann gesessen hat, bleibst du lieber stehen, statt dich dort hinzusetzen. Du weißt nicht einmal, warum. Deine Abwehr ist nicht durch Infektion zu begründen, dennoch hast du recht. Jeder Mensch trägt ein Schwingungsfeld um sich herum, mit dem er, wie in diesem Fall, seinen Sitzplatz imprägniert. Leider wissen die wenigsten, dass man dieses Schwingungsfeld durch eine Wischbewegung mit der linken Hand von rechts nach links löschen kann. Dein Sitzplatz wäre für dich wieder frei. Wenn du zusätzlich mit der rechten Hand von links nach rechts wischen würdest, hättest du dein eigenes Feld bereits deponiert. Natürlich gilt das auch für den Platz auf der Brille.

Wie das nun praktisch aussieht

Ladys first. Deswegen nehme ich die großen und kleinen Mädchen als erstes bei den Ohren. Warum ist es so schwer, sich auf die Brille zu setzen? Die Angst vor Infektionen treibt dich dazu? Na gut, wäre es nicht möglich, ein kleines Fläschchen Melaleuca bzw. Teebaumöl in der Hose oder in der Handtasche mitzuführen? Bekommt man in jedem Bioladen oder in jeder Apotheke. Ein Blättchen Klopapier oder Tempo, getränkt mit zwei Tropfen Melaleuca, würde zum Abwischen der Brillegenügen und jede Infektionsgefahr wäre absolut gebannt. Das empfehle ich auch zur Nachbehandlung der Brille. Diese Wischhandlung solltest du sinnvoller weise von rechts nach links ausführen. Warum, das weißt du jetzt und deine Psyche kann sich sofort beruhigen.

Bitte klapp nach dem Geschäft auch die Brille hoch und wisch sie von unten ab. Der Urinstrahl hinterlässt nämlich all zu häufig im vorderen Bogen einige gelbe Tropfen, die das Material unschön gelblich einfärben.
Auch der obere Beckenrand wäre dir dankbar für reinigende Behandlung. Macht wirklich keine Arbeit.
Für das Becken steht meistens eine Klobürste daneben. Sie ist nicht nur für die Reinemachefrau gedacht. Bremsspuren sehen für Deinen Nachfolger nicht gerade einladend aus. Das kostet dich zu viel Zeit? Die zwei Minuten, denke ich, sind doch in deinem Lebenslauf gerade noch übrig. Gott hat uns die Zeit geschenkt, von Eile hat er nichts gesagt!
Willst du nun wirklich im Stehen über dem Becken Wasser lassen, dann sei so nett und zieh dein Höschen herunter und nicht einfach nur im Schritt zur Seite. Du presst so nämlich den Höschensattel im Schritt gegen die gleichseitige Schamlippe und klemmst damit die Harnröhre zu Seite und schon geht alles daneben. Ehe du dann dein Wässerchen deponierst, sei so nett und zieh die Schamlippen im vorderen Teil der Scheide auseinander. Sonst entschlüpft dir garantiert ein Sprühstrahl, der eigenwillig mal nach links und rechts die Kacheln besprenkelt. Bitte rede dich nicht damit heraus, dass das ja wieder von alleine trocknet. Zumindest fängt das an, zu stinken.
Große Geschäfte? - Na weißt du, mach sie zuhause und wenn es dann doch mal sein muss, verhalte dich so wie eben geschildert. Ein Tempotaschentuch hast du wohl mindestens dabei. Ohne Frage ist damit genug für die Desinfektion der Brille getan.
Die letzten Tropfen nach Erledigung sollte man abtupfen, nicht abreiben, wenn man dafür Klopapier benützt. Dieses Papier hat lauter kleine stachelige Fusseln, die viel gefährlicher sind als eine eingebildete Infektionsgefahr.
Wisch den Po immer von der Scheide weg nach hinten ab. In umgekehrter Richtung wäre nun also wirklich eine Keimverschleppung möglich und das nun von deiner eigenen Fabrikation.
Vielleicht solltest du in freier Landschaft mal, einmal mit und ein anderes mal ohne Höschen, im Stehen und im Hocken Wasser lassen und die unterschiedlichen Pfützchen betrachten, wohin sie gestrullt haben, dann weißt du, was zu tun ist, wenn dich was auf ein fremdes Klo treibt.
Vielleicht begreifst du auch, dass wie beim Mann, im Sitzen viel leichter etwas nach vorne zwischen Brille und Beckenrand daneben geht.
Die eifrig bemühten Schildermaler werden dann in Zukunft vielleicht neu verfasste Täfelchen schreiben: Das wäre doch mal was.

Muss die Klobürste zu Rate gezogen werden, spüle Sie mit dem Rest des Aufziehwassers gut aus, und vergiss nicht sie auszuschlagen, damit sie nicht einen Tropfensee in der Aufhängung veranstaltet. Das gilt natürlich auch für meine Geschlechtsgenossen, an die ich mich jetzt wenden muss.

Männer sollten generell nicht im Sitzen pinkeln. Es ist schon dramatisch genug, wenn Mann wegen dringenderer Geschäfte zum Sitzen verurteilt ist, wobei er sein Pimmelchen so im Zaume halten muss, dass der Urinstrahl nicht zwischen Brille und Becken hindurch auf die Hosenträger oder den Hosenbund abirrt.

Aber, mein lieber Freund, auch dir gebe ich den dringenden Rat, mal in Gottes freier Natur auf eine unbewachsene, ebene Stelle zu urinieren. Deine Harnröhre ist nämlich, wie auch die der Frau, gar keine Röhre. Schau sie dir an. Es ist ein torpedoartiger Schlitz auf deiner Eichel zu beobachten. Das hat zur Folge, dass das austretende Wasser, wie bei einer Kaffeekanne, zuerst tröpfelt, dann erst als Strahl zu Tage tritt, wenn sich genügend Druck aufgebaut hat. Wenn der sich zum Schluss wieder abbaut, ist's genau das Selbe. Was das bedeutet, wirst du schon erraten haben. Die ersten Tropfen und deren letzte Nachfolger fallen fast auf die Schuhspitzen. Die werden getroffen, wenn der betreffende Pinkler so alt ist, dass generell nicht mehr genügend Druck vorhanden ist. Und nun kommt's: Weil du deinen Pillermann nie richtig bei seinem Geschäftchen beobachtet hast, passieren dir zwei Dinge: Das eine, was deine Ehefrau, Mutter oder Freundin auf die Barrikaden treibt sind die Tropfen, die entweder davor oder danach auf den Fliesen vor, hinter und neben dem Klo landen.

Das zweite ist, was dein kleiner Schniedelwutz dann unternimmt und ist noch viel schlimmer. Wegen dem plötzlichen Wasserdruck schießt der Strahl dann spontan über den Hinterrand hinaus, eventuell sogar seitlich. Das ist wie ein unbemannter Gartenschlauch, der plötzlich unter Druck gesetzt worden ist. Was du dagegen tun möchtest, kommt längst zu spät. Wenn das deine Frau, Freundin oder Mutter bemerkt, ist das verständlicherweise purer Horror für sie, zumal, zumal wenn dich das überhaupt nicht kümmert.

Bitte mach diesen Schweinekram umgehend weg und zwar gründlich. Die Zeit musst du dir nehmen. Lass es dir angelegen sein, den Menschen, der dich aus Liebe betreut, nicht zum Putzlaputz zu degradieren. Wenn dir das in fremden Örtchen passiert, ist das genauso peinlich.

Schlimm genug, dass deine Mutter dir das nicht erklärt und gezeigt hat. Jetzt muss du selbst hindurch und Selbsterziehung nachholen.

Bevor du nun vor den Ort der Irrtümer trittst, reiße dir von der Klorolle ein Blättchen ab, falte es dreimal und klemme es hinter den Spülkasten. Natürlich kannst du es auch knütteln, weil du meinst, es sei dafür keine Zeit. Jedenfalls deponiere es so, dass es nach Beendigung des Pinkelvorganges griffbereit ist, um den letzten Tropfen aufzunehmen. Verrückt?
Na, meinetwegen. Mit dem Akt des Abtupfens zum guten Schluss verhinderst du einen Urinrückstand in der Harnröhre, der eine der häufigsten Ursachen für Prostataentzündungen darstellt. Die italienischen Soldaten lernen deswegen sogar in Reih und Glied, nach dem Pinkeln die Harnröhre vom Damm her auszustreichen. Sehr sinnvoll. Du kannst natürlich beides miteinander kombinieren.
Lass es sein, im dunklen Klo zu pinkeln. Du kannst dann den manchmal etwas eigenwilligen Urinstrahl nicht sinnvoll lenken, weil du ihn nicht sehen kannst. Er sollte die Hinterwand des Beckens treffen. Dazu trittst du so weit mit deinen Füßen neben das Klo, dass die Schuhspitzen neben die Mitte des Beckens zu stehen kommen. Öffne deinen Hosenschlitz so weit als möglich. Zieh ihn extrem herunter, und jetzt erst häkelst du deinen Wutzelmann durch den Schlitz der Unterhose heraus. Mach ihm soviel Platz, dass er fast senkrecht hängt und zieh deine Vorhaut zurück. Nein nicht nur so ein bisschen. Richtig bis zum Anschlag. Auf diese Weise legst du dein Spitzchen frei und ein Sprühstrahl ist fast unmöglich, vorausgesetzt deine Harnröhre ist gesund.
Sollte allerdings deine Vorhaut zu eng sein, ist es höchste Zeit den Arzt für Haut - und Geschlechtskrankheiten aufzusuchen. Der wird Dir in einer Kleinstoperation das geschrumpfte Bändchen am vorderen Ende der Vorhaut herausoperieren. Keine Angst, das tut nicht weh und ist auch keine Beschneidung wie bei den Arabern. Was dein Arzt versäumt, dir zu raten, ist, dass du hinterher eine Wurmkur machen solltest, denn deren Eier haben dir diesen Schaden zugefügt.
Kompliziert? Quatsch, das ist ein geübter Handgriff. Und nun kannst du loslassen. Du erlebst eine Offenbarung. Der Strahl geht nicht mehr in die Irre. Er trifft auf die Hinterwand des Beckens und die ersten und letzten Tropfen verenden etwa zehn bis zwanzig Zentimeter dahinter. Nichts geht daneben. Sinnvollerweise solltest du, trotz der eben genannten Vorsicht, deinen Pimmel mit zwei Fingern in stabiler Richtung halten.
Ganz besonders wichtig ist das bei Verrichtung größerer Geschäftsabschlüsse. Gerade hier erweist es sich, dass, wie bei den weiblichen Klobenutzern,

der Urinstrahl zu waagerecht loslegt und zwischen Brille und Beckenoberrand hindurchzischt. Was ist dann bloß zu tun?
Als erstes rette deinen Hosenbund und die Hosenträger. Vermeide mit den Schuhen in die Pfütze zu treten, denn dann wird's überhaupt erst tragisch. Zieh deine Pelle wieder an, hole Wischlappen oder Papiertücher, beseitige das Unglück und nun erst kümmere dich um den Erfolg deiner Sitzung.
Bediene nicht gleich die Spülung, sondern reinige erst den Beckenrand mit Klopapier und, wenn du sie dann betätigst, nimm die Klobürste zur Hand und halte sie auf den vorderen Klorand, um ein Überschwappen der Spülwelle zu verhindern. Jetzt erst beseitigst du eventuell nachgebliebene Bremsspuren. Hach, das wäre geschafft.
Eines kann dir allerdings bei den so genannten Flachspülern passieren: Der Spülstoß rauscht so heftig zu Tal, dass ein ganzer Schwapp über die Reling geht, wenn du keine Vorsorge betrieben hast. Sei so lieb und beseitige auch diese Pfütze. Ziehst du schon die Spülung, wenn du noch sitzt, kann der Strahl dein Gehänge auch von hinten treffen. Sehr unangenehm! Geh zum Waschbecken und reinige dich vorsorglich. Ist kein Waschbecken da, nimm genügend Papier und versuche dein Heil damit. Hole zuhause nach, was dir unterwegs nicht möglich war.
Und nun noch ein Wort zu den Alten. Ihr seid sehr häufig geschlagen durch nächtlichen Harndrang und das auch noch mehrere Male. Durch homöopathische Arzneimittel ließe sich das meistens eingrenzen oder sogar beseitigen. Wie auch immer. Liebe Leute, steht nicht auf. Das sage ich euch aus gutem Grund.
Der Körper gehorcht zwei Funktionssystemen. Das eine ist für den Tag, und das andere für die Nacht verantwortlich. Das für die Nacht gehorcht der Bauchspeicheldrüse, die nur in der Waagerechten nachtkonform funktionieren kann. Der Tag wird gelenkt von dem Nebennierenmark und das wiederum kann nur in der Senkrechten agieren. Wenn ihr jetzt aber nachts ein bis mehrere Male aufsteht, bringt ihr diese beiden Systeme total durcheinander und kalte Füße bekommt ihr gratis dazu. Wie soll das wohl gehen, dass ein solcher Zustand dann ausheilen soll. Das kann nur schlimmer werden und der Schlaf leidet meistens auch noch dadurch.
Was zu tun ist? Die Bettflasche ist angesagt. Man kauft sie in der Apotheke, aber Vorsicht: Handelsüblich sind solche aus Plastik. Sie sind billiger, dafür taugen sie nichts. Sie sind zu leicht und kippen mit Begeisterung im Bett oder auch davor einfach mal um. Glas muss es sein! Glas ist schwerer und durch dessen Form standfester. Ein Glasurinal ist so standfest, dass man

ruhig einmal damit einschlafen kann, ohne das was daneben geht. Ihr könnt liegen bleiben und in aller Ruhe das Bächlein abrauschen lassen. Kein Stress, der die Nebennieren zur Aktion treibt und man braucht gar nicht erst so ganz aufzuwachen. Und wenn man gerade geträumt hat, kannst Du gleich wieder in den Garten Eden eintauchen.
Urinale gibt es übrigens nicht nur für Männer. Frauenurinale haben lediglich eine etwas moderatere Form.
Ansonsten gilt alles schon Gesagte für Frauen ebenso.
Der Schniedelwutz hat mangels sexuellen Gebrauchs Kleinwürmchenform angenommen. Der Wasserdruck ist unbefriedigend und bei schlechter Technik machen Tropfen die ganze Chose zum Glücksspiel. Dennoch lässt sich auch in diesem Falle die Eichel freilegen und man braucht keine Gewaltanwendung, um gezielt in die Flasche oder genügend in die Senkrechte zu pinkeln.

Zum Schluss möchte ich euch schnell noch sagen: Liebe Leser, entscheidet euch jetzt gleich. Wollt ihr Harmonie und Freundlichkeit in eurer Partnerschaft oder seid ihr aus Prinzip und alter Gewohnheit rücksichtslos und sucht Stress und Unfrieden. Diese Frage solltet ihr euch immer und täglich vor Augen halten.
Das Nieren-Blasen-System dient dem Menschen, um Gifte auszuscheiden. Es ist deswegen außerordentlich resistent gegen Infektionen und Beschädigungen. Es müssen schon sehr massive Störungen herangetragen werden. Ansonsten kann dieses System eine Menge aushalten.
Denke doch einmal an den Geschlechtsverkehr, der ganz sicher selten unter absolut sterilen Voraussetzungen stattfindet. Natürlich will ich hierdurch nicht zum Leichtsinn verführen. Sehr viel öfter erkranken diese beiden Organe durch psychische Einbrüche. Der Volksmund weiß davon zu berichten: "Es geht einem etwas an die Nieren."
Auch sagt er: "Es ist mir auf die Blase gefallen."
Sehr viel Unglück durch Infektionen entsteht nicht durch die Brille, als viel mehr durch Rücksichtslosigkeit der männlichen Partner, da sie es oft nicht für notwendig erachten vor dem Geschlechtsverkehr Hände und Penis zu reinigen. Sauerei, kann man da nur sagen.
Natürlich ist die Ernährung, wie eingangs erwähnt, eine der Voraussetzungen für eine gesunde Funktion dieser Körperorgane. Das allerdings, was der Mensch mit seinem Kopf regiert, ist doch oberste Instanz und oft auch Ursache. Das Erleben, dessen psychische Verarbeitung und Reaktion ins

Äußere und Innere, sollte bewusst und harmonisch geschehen. Egoismen sind kränkend und zerstörend. Das oberstes Gesetz sollte heißen: „Glücklich machen!!!" Unter diesem Motto kann es nicht möglich sein, auch auf unserem stillen Örtchen, Terror und Dreck zu hinterlassen. Ich wünsche jeder Lebensgemeinschaft, dass sie dieses erkennt und dabei schließlich die wahre Liebe findet.

Warum ist das nur so schwer?

Die Kränkung körperlicher und seelischer Natur folgt so sicher wie das Amen in der Kirche. Für Dummheit kannst du nichts, kannst dich aber trotzdem bemühen und erfolgreich werden.

Ignoranz dagegen ist pure Gemeinheit und signalisiert Partnerschaftsuntauglichkeit. Da kann ich nur raten: Trenne dich und verdrecke in deinem eigenen Mist.

Als dritte Möglichkeit billige ich dir Unwissen zu. Möge es so sein; denn dann bist du lernfähig genug, um sofort umzuschalten. Segen möge dir erwachsen!

***

Grippe

oder der Grippale Infekt

Jeder kennt sie. Sogar die Volksweisheit beschreibt sie: „Drei Tage kommt sie, drei Tage steht sie und drei Tage geht sie."
Leider ist das schon lange nicht mehr so. Wie häufig könnte man für drei Tage auch drei Wochen setzen.
Du fragst mich, woran das liegt?
Die Lebensverhältnisse haben sich so gewandelt, dass die Körperabwehr nicht mehr in Takt ist. Gerade kürzlich kam eine Patientin zu mir mit einem Mordsschnupfen. An sich ist sie eine ziemlich biologisch eingestellte Person.
„Wie kommen Sie zum Schnupfen?" „Ach ich habe bei meiner Freundin Geburtstag gefeiert." „Aha, und da haben Sie Kuchen gegessen in dem Kristallzucker verbacken war?"
„Ja", sagte sie sehr kleinlaut.
Da siehst du schon, einmal diesen Zucker, und schon ist eine Anfälligkeit vorhanden. „Aber bei Oma habe ich doch auch Kuchen gegessen!" „Ja, Oma hatte auch nur Fruchtzucker zur Verfügung, und außerdem war seiner Zeit der Leistungspegel um des dreifache höher als heute. Was konnte man zu der Zeit alles ausschwitzen."
Wenn ich denke, was biologisch nicht orientierte Menschen alles so in sich hineinstopfen, dann beginnt man zu verstehen, dass ein geschädigter Stoffwechsel eine Infektion nicht so einfach wegstecken kann.
Man spricht dann beruhigend von ein wenig chronisch gewordenen Infektion und dagegen bekommt man dann ein Antibiotikum oder, etwas harmloser, irgendwelche Sulfonamide, oder Kopfschmerztabletten. Die gröbsten Beschwerden sind zwar niedergeknüppelt, aber die Chronizität gammelt klamm heimlich unter der Oberfläche weiter.
So etwas kann sich Jahre lang auswachsen und plötzlich fragt man sich, woher denn bloß dieser Krebs herkommt.
Es ist schon bedrückend, wie häufig Antibiotika gegen viröse Grippeerscheinungen verordnet werden, obgleich diese überhaupt nicht wirksam sein können.
Wer denkt heute noch an die Ursachen, die ich in diesem Buche praktisch alle schon besprochen habe.
Schon bei den Kindern geht es ja schon mit Süßigkeiten los. Wahllos und ohne Mengenbegrenzung werden sie konsumiert. „Sind doch bloß Gummibärchen und so harmlos", meinen die Eltern und wundern sich dann, wenn ihre Zöglinge Allergien gegen alles Mögliche entwickeln.

Auch die biologischen Medizinen machen in dieser Beziehung keine Ausnahme. Sie wirken lediglich auf die Symptome und nicht auf die Ursachen. Paracelsus soll einmal geäußert haben, dass jede Krankheit am Mund entsteht.
Das nenne ich ursächlich gedacht und so erinnere ich an meine Ausführungen über Atmung, über Trennkost, über Fruchtzucker, über Butter und Margarine, über Gewürze und Tees, sowie über Wasser und über die Psyche. Das sind handfeste Ursachen!
Wohl ist es gut, wenn man Grippesymptome durch homöopathische Mittel absenken kann. Das ist dann auch notwendig, aber immer sollte man den Ursachen im täglichen Leben peinlichst genau nachspüren.
Und hat sie dich erwischt, die Grippe, denke nicht nur an die Arznei, sondern auch an das „Warum“.
Dieses „Warum“ ist nicht nur substanziell zu verstehen. Wie schon angedeutet, spielt die Einstellung zum Leben eine große Rolle. Ist sie egozentrisch, richtet sie sich gegen sich selbst, weil Egozentrik Ichbezogenheit bedeutet. Das hat dann Verfestigungskrankheiten und im Endeffekt Krebs zur Folge.
Der Egoist neigt zu ausufernden Krankheiten. Er kann seine akuten Krankheiten ins Hochakute treiben. Bis hinein in die Tuberkulose oder Aids im biologischen Sinne.
Was wäre als Wichtigstes zu tun. Natürlich solltest du deine Einstellung zum Leben gründlich durchforsten und ändern. Suche dein Lebensziel!
Für Grippemittel im homöopathischen Sinne lege ich dir hier einen Plan vor, der mindestens einer Erkrankung die Spitze abbricht. Auf jeden Fall sollte man danach, eventuell mit Hilfe eines Behandlers, nachforschen, was Ursache gewesen ist.

Und hier meine kleine homöopathische Hausapotheke

Vorbeugung
Pumperol-Öl oder Japanisches Heilpflanzenöl, einen zehntel Tropfen auf die Zunge, bevor man in Menschenansammlungen geht. Auch ein Nelkenkopf tut es für circa eine Stunde. Wie man einen zehntel Tropfen bekommt, fragst du. Ganz einfach, du hältst den Zeigefinger auf die Mündung der geöffneten Flasche, schüttelst sie einmal, und was dann an deinem Finger hängen bleibt, das ist genau diese kleine Menge.

Pascotox oder Esberitox, beides als Dragees, zweimal täglich ein Dragee lutschen. Hier handelt es sich um zwei sehr wirksame Mittel, wenn sich ein grippaler Infekt anfängt breit zu machen.

Fieber

Ist aber schon Fieber im Anmarsch, dann solltest du wissen, dass es bis 39,5°C notwendig und gut ist. Es zu unterdrücken, hieße die Krankheit in ein chronisches Leiden zu verwandeln.

Erst Temperaturen über 39,6°C werden mit weiter steigender Tendenz schädlich.

Unter allen Umständen sollte man bemüht sein, sie wieder unter die Grenze von 39.0° C herunter zu drücken. Dazu genügen in den meisten Fällen Pyroplant Suppositorien oder ähnliche Kinderzäpfchen, eventuell halbstündlich.

Außerdem sind dann Wadenwickel wichtig, die ohne Umhüllung für zehn Minuten eiskalt um die Waden gewickelt werden. Lass bitte, die Knie schön warm zugedeckt.

Dabei sollen die Unterschenkel aus dem Bett herausragen und auf einen gepolsterten Stuhl gelegt werden. Nach diesen zehn Minuten soll der Patient fünfzig Minuten schön warm zugedeckt sein und sollte versuchen zu schlafen. Das ganze muss dreimal wiederholt werden.

Erst bei Versagen dieser Methode benachrichtige einen versierten Behandler.

Fiebergetränke

Sie können zusätzlich sehr hilfreich sein: Sanddornsaft ist sehr Vitamin C-haltig und stärkt folglich sehr gut die Abwehrfront, aber auch Sanddornsaft, Berberitzensaft, Apfelsaft, Berberitzensaft, Brennnesselsaft, Huflattichsaft und Fliedersaft können einzeln und gemischt mit großem Nutzen Verwendung finden.

Gut die Abwehr steigernd ist Spitzwegerich bei Husten und Zinnkraut bei Nierenbeteiligung. Kresse in Reisschleim wirkt wie ein Antibiotikum. Das gilt auch für Meerrettich und Rote Beete. Roher Kartoffelsaft beruhigt Magen und Darm, wenn man davon einen halben Teelöffel auf eine Tasse heißes Wasser verabreicht. Je nach Geschmack kann der Saft auch auf ein Glas kaltes Wasser gegeben werden.

Nahrung
Während des Fiebers muss immer gefastet werden. Die Recconvalescenz beginnt erst mit 37,5°C mit Gemüsenahrung von Gemüsearten, die unter der Erde wachsen. Gestattet wäre oberirdisches Gemüse als Beilage.
Erst nach einer Woche kann wieder zur Normalkost übergegangen werden.

Homöopathische Fiebermittel
Die hier genannten Mittel sind haltbar und sollten in der Hausapotheke immer vorrätig sein. Zumindest lässt sich mit diesen Mitteln einer auch schweren Krankheit, die Spitze brechen, sodass ein Behandler größere Chancen hat, einzugreifen.

ACONITUM D 4 ist das Zaubermittel der plötzlichen Erkrankung. Alles verläuft stürmisch mit Frost bis Schüttelfrost, Angst bei Infarktgeschehen, Scharlach, Asthma und sonstigen schweren Erkrankungsformen.
Fünf bis zehn minütlich wird es verabreicht, bis der Patient stark anfängt zu schwitzen. Jetzt hat dieses Mittel ausgedient. Das ist meistens schon nach einer Stunde. Die Krankheit ist gebrochen.
Die Behandlung ist aber noch nicht beendet, denn jetzt müsst du BELLADONNA D4 zuwenden.
Dieses Mittel ist immer dann erforderlich, wenn starkes Schwitzen im Vordergrund steht. Die Farbe der Haut ist bläulich-rot und man hat den Eindruck, dass alles sehr oft zum Kopf hin gestaut ist.
Die Verabreichung dieses Mittels verläuft genau so wie beim Aconitum und endet, wenn das Schwitzen in ein leichtes Transpirieren übergeht. Meistens hat auch Belladonna nach einer Stunde ausgedient. Jetzt folgt ERRUM PHOSPHORICUM D 4.
Dieses ist das Mittel des gemütlichen Krank-Fühlens. Man schwitzt ganz eben und fühlt sich eigentlich schon wieder gesund und steht auf. Doch das rächt sich augenblicklich und man geht schnellstens wieder in seine Puseratze.
Die Haut ist nur noch leicht gerötet und feucht. Um diesen Zustand zu überwinden, nimmt man halbstündlich drei Tabletten unter die Oberlippe. Das hat den Vorteil, dass dieses Mittel langsamer resorbiert wird. Am nächsten Tag bist du wieder topp fitt.
Natürlich gibt es auch Grippen, die als Ferrum phos, oder Belladonne Syptome beginnen. In diesen Fällen beginnt man eben nur mit dem entsprechenden Mittel.

Neben diesen drei Mitteln sind zwei weitere Homöopathika erwähnenswert. GELSEMIUM D4, das Mittel der Kopfschmerzen mit Fieber verschiedenster Qualitäten: Fieber ohne Durst mit Schüttelfrost und Zerschlagenheitsgefühl, sowie Schläfrigkeit und Benommenheitsgefühl mit Herzklopfen und Aussetzen desselben, Kopfschmerzen und Schwindel.
Selbst wenn man an Aconitum oder Belladonna denken sollte, ist es dann nur dieses Homöopathikum angezeigt bis zum Schweißausbruch und erst dann kommt Belladonna ins Spiel. Alle Arzneigaben werden fast immer in gleichem Rhythmus wie schon geschildert eingenommen.
BRYONIA D4 zeichnet sich durch den scharf umrissenen Schmerz aus, der so groß ist, dass der Patient sich auf die schmerzende Seite legt, um diese Region ja nicht zu bewegen. Die Wirkung ist so zauberhaft, dass z.B. eine Rippenfellentzündung mit zwei bis drei Gaben innerhalb von ein bis zwei Stunden überwunden ist.
Die Mutter einer Patientin war hochfieberhaft und schon vierzehn Tage von ihrem Hausarzt wegen ihrer Rippenfellentzündung behandelt worden. Da der behandelnde Arzt auf Urlaub gefahren war, bat mich die Patientin, ihre Mutter doch einmal zu besuchen. Ein Bild des Jammers lag da im Bett vor mir, wimmernd vor Schmerzen mit 40,2° Fieber. Ich habe ihr von Bryonia D30 habe ich ihr eine Gabe von fünf Perlen verabreicht und versprochen, am nächsten Tag wieder vorbei zu schauen.
Am nächsten Tag klingelte ich an der Tür, die von einer absolut genesenen und schmerzfreien Patientin mir geöffnet wurde. Das kannst du nur mit Bryonia erleben.
Wenn du mit den Einzelhomöopathika nicht rechtzeitig und sinngemäß verfahren hast, stehen dir auch noch andere Mittel der Naturheilkunde zur Verfügung. Es handelt sich dabei um so genannte Komplexmittel, die aus Pflanzenstoffen zusammengesetzt und mit Homöopathischen Tiefpotenzen gemischt sind. Weil heutzutage grippale Infekte die Regel sind, zeige ich dir hier ein Mittel, das wirksam gegen Virusgrippen ist.

VIRUSGRIPPEN kennzeichnen sich durch Plötzlichkeit aus (nur ein wenig plötzlicher als bei den Symptomen bei Aconitum).
Grippe-Enzoxin ist eines der Mittel, die bei Befall der Luftwege verwendet werden kann, ganz gleich ob es sich um den Kehlkopf, die Nase, die Bronchien oder die Lunge handelt. So schnell wie die Einzelhomöopathika wirken diese Mittel allerdings nicht. Sie kürzen jedoch die Erkrankung immerhin um einige Tage ab.

Magen-Darm-Entoxin wirkt, wie der Name schon sagt, auf Magen und Darm.
Beide Mittel setzt du am besten mit einer Erstgabe von siebzig Tropen auf eine Tasse heißen Pfefferminztee ein, dem du dann noch drei Tassen mit je zwanzig Tropfen folgen lässt. Diese Dosierung behältst du dann für die nächsten Tage bei, bis der Schaden behoben ist.

BAKTERIENGRIPPEN gibt es natürlich auch noch, nach wie vor. Du erkennst sie ganz einfach daran, dass sie sich innerhalb von drei Tagen in steigender Intensität bemerkbar machen. Drei Dreiergruppen stehen dir für drei Etagen des Menschen zur Verfügung: Oben, Mitte, Unten. Immer dabei, als Einleitungsmittel Arnica oplx. Es enthält Aconitum und Belladonna. Dein Körper kann sich also aussuchen, was er braucht und tut das auch.
Als Endmittel gehört zu jeder Gruppe Asclepias oplx. Das ist ein Ausleitungsmittel für Gifte, die durch die Erkrankung frei gesetzt worden sind.
Nach Etagewechsel für die Luftwege Eupatorium oplx.
Für die mittlere Etage und die Magenregion. Nux vomica oplx.
Und für die untere Etage, die Darmregion Baptisia oplx.
Alle diese Mittel werden je nach Indikation, mit je siebzig Tropen in ein Grogglas kochenden Wassers gemischt und als Stoss ins System schluckweise getrunken.
Nach zwei Stunden gibst du von jedem nur zwanzig Tropfen in ein Glas mit kaltem Wasser und zum Abend noch einmal diese letzte Dosierung. Die folgenden Tage bleiben bei der zweiten Dosisanleitung dreimal täglich, bis zum Erfolg. Bei Kindern nimmst du nur die Hälfte an Tropfen.

ERKÄLTUNG, jawohl, die gibt es auch noch, und gar nicht so selten. Sie ist immer Folge, wie der Name ganz richtig sagt, einer Kälte, wenn man die eigenen Hofhunde, sprich die Heimflora, geärgert hat. Das kann auf zweierlei Art geschehen: Entweder bist du bei feuchter Witterung oder im Nebel kalt geworden, und die Nase fängt an zu laufen, oder du bist bei scharfem, kaltem Ostwind zu leicht bekleidet in der Landschaft herumgestiefelt. In jedem Falle hast du deine Hofhunde schlecht gefüttert und sie fangen an dich zu beißen.
Je nach vorliegender Ursache unterscheidet man nach nasser oder trockener Ursache, weswegen dann auch unterschiedliche Medikamente notwendig werden.

Nasse Ursache: Nebel, Regen. Nasse Füße. DULCAMARA D4, zehn minütlich, halbstündlich, bis stündlich dreimal täglich fünf Tropfen pur auf die Zunge. Kinder nehmen die gleiche Menge, bis zum Erfolg.
Trockene Ursache: Durch Kälte, Sturm, Zugluft (auch im Auto). ECHINACIN intern/Madaus, außerdem ACONITUM D4.
Fünfmal täglich einen Kinderlöffel Echinacin gemischt mit zehn Tropfen Aconitum in einen Eierbecher geben, mit Wasser bis zum Rand auffüllen und schluckweise trinken.
Bei sehr schweren Formen aller Erkrankungen sollte man den genannten Dosierungen noch jedes Mal UMKALOABO/Iso mit zwanzig Tropfen hinzufügen.

Zum Schluss möchte ich dich noch einmal daran erinnern, dass deine Abwehrkraft es eigentlich nicht nötig hätte, dich krank werden zu lassen. Es erfordert nicht nur gute Atmung, gutes Wasser und vernünftige Aufnahme von Nahrung. Entscheidend ist deine Einstellung zu der Natur der Dinge. Paracelsus ist ohne zu erkranken zu den Aussätzigen gegangen. Selbst die Pest hat ihm nichts anhaben können. Er war eben ein biologisch denkender und handelnder Mann. Außerdem hatte er eine starke Einstellung zum Geistigen. Dann, nur dann, ist man auch unangreifbar. Finde diese Einstellung und du wirst unangreifbar.

Bis dahin
Wünsche ich dir gute Besserung!

***

Was ist bloß los

mit

dem Rauchen?

Was sollte man dazu wissen

Meine Güte, warum ist nur dieses Problem zur Weltanschauung degeneriert, dass es wahrlich gar nicht wert wäre.
Jeder Mensch weiß doch heutzutage, dass Rauchen die Gesundheit stark angreift, sehr oft sogar bis zum Krebs.
Nicht nur das, ebenso bekannt ist doch, dass die armen Mitraucher noch viel mehr Leiden als die Übeltäter selbst, zumal die Mitraucher auch noch über die Krankenkassen zur Kasse gebeten werden für die erkrankten Verursacher.
Glücklicherweise setzt sich in Europa diese Erkenntnis zunehmend durch, so dass in Belgien und in Irrland bereits Rauchverbot in Bahnen, Behörden und Gaststätten erlassen worden ist.
Leider ist Vater Staat einer der großen Verbotshemmnisse wegen der dadurch abnehmenden Tabaksteuer.
Wir Nichtraucher können nur hoffen, dass die Vernunft über diese verhängnisvolle Sucht obsiegt.

Was ist denn daran nur so schlimm

Der Mensch kann nicht ohne Atmung existieren. Flüssigkeiten kann er über sieben Tage entbehren. Feste Nahrung kann man sogar acht Wochen vergessen, aber die Atmung lässt sich nicht einmal zwei Minuten außer Acht lassen.
Darum die ernste Frage an unsere Raucher: Was denkt ihr euch, wenn eine Zigarette eure Lippen berührt? Wahrscheinlich denkt ihr nicht einmal mehr etwas dabei. Denken scheint nicht eine ausgebildete Seite eures Lebens zu sein.
Wollte ich annehmen, ihr könntet denken, so müsste ich euch Bösartigkeit unterstellen. Das möchte ich eigentlich nicht. Lassen wir dieses Thema lieber dahin gestellt sein.
Wisst ihr Raucher denn nicht, dass das göttliche Medium Luft nach Prof. Dr. von Weizegger nur noch für circa fünfundzwanzig Jahre atembare Luftreserven zur Verfügung stellt?
Ich mag mir gar nicht vorstellen, dass unsere Enkel dereinst nur noch mit Atemmasken lebensfähig sein könnten.

Anscheinend ahnt ihr nicht einmal, das Raucher und Benzinautos die größten Luftzerstörer sind, die Industrie hingegen die Luft nur belastet, was auch schon schlimm genug ist.
Der Raucher verwandelt den wichtigsten Teil der Luft in das hoch giftige Schwelgas Kohlenmonoxyd, CO. Dieses kann jedoch von der Natur nicht in das notwendige CO^2, Kohlendioxyd rück verwandelt werden.
Ist es nicht auch bedrückend zu wissen, dass Kinder stark rauchender Frauen zu sechzig Prozent geistige und körperliche Schäden davontragen.
Natürlich sind Raucher keine Verbrecher, eher bedauernswerte Ignoranten, die nicht wissen, was sie tun und nicht einmal die Kraft aufbringen können oder wollen, dem Zwang ihrer Sucht entgegenzutreten. Sie nennen das dann Nutzung persönlicher Freiheit.
Allerdings müssen sie sich den Vorwurf der Körperverletzung gefallen lassen, da sie wissentlich die Gesundheit anderer Menschen schädigen, vor allem besonders dann, wenn Sie in geschlossenen Räumen und in Gegenwart von Kindern und Nichtrauchern ihren Smog ablassen. Wo bleibt da die persönliche Freiheit für die Nichtraucher?
In geschlossenen Räumen gibt es erwiesener Massen keine größere Schadstoffkonzentration als den Tabakqualm. Dabei ist es unerheblich, ob es sich um Zigarettenrauch, Zigarren-, oder Pfeifenqualm handelt.
Der größte Teil der mehr als vierzig nachgewiesenen Gifte, wie Kohlenmonoxyd, Nikotin, Blausäure, Teerstoffe, Arsen, und radioaktive Abfallstoffe und noch sehr vieles andere mehr, werden nicht nur über den Hauptstrom des Rauchers selbst inhaliert, sondern auch über den Nebenstrom an die Umgebung abgegeben.
Ein Kubikmeter Zigarettenrauch enthält tausendmal so viel Schmutzteilchen, als die Luft an stark belasteten Verkehrsknotenpunkten.
Ausdünstungen aus Bauteilen und untergründig verseuchtem Gelände, die in letzter Zeit von sich reden machten, spielen dagegen eine bescheidene Rolle.
Tabak ist außerdem für dem Menschen eines der größten Energieprobleme, ganz gleich, in welcher Form er konsumiert wird: Als Pfeifenrauch, Zigarrenqualm, Zigarettengas oder gar als Kautabak.
Zwanzig Zigaretten pro Tag zu konsumieren bedeutet, dass sich im Verlaufe eines Jahres ein Becher voller Giftstoffe angesammelt hat.
Fast tausend fünfhundert chemisch giftige Verbindungen von Phenolen, aliphatischen und aromatischen Kohlenwasserstoffen, Ketonen, Aldehyden, Alkoholen, Glyzerinen und Säuren ordnen sich zu einer energetischen

Armee, die tausendmal stärker ist, als die bioenergetische Abwehrfront des Menschen.
Der dabei entstehende Teer mag gut zur Isolierung von Lichtleitungen und zum Bepflastern unserer Strassen sein. Für die Lungen ist ein solcher Belag quälend tödlich.
Die gesamten Innenwände werden verklebt und der gequälte Organismus versucht vergeblich, sich durch Hustenstöße dieses Drecks zu entledigen. Circa fünfundzwanzig chemische Verbindungen des Teers sind mit Krebs erzeugenden Schwingungen elektromagnetischer Natur angereichert.
Auf Grund ihrer Polaritäten heften sich diese Stoffe an die entgegengesetzt gepolten Körpergewebe, im Blut, und besonders im Darm und im Bereich von Blase und Genitalien. Genau dort beobachtet man die entsprechenden Schäden.
Bei Rechtshändern bevorzugen diese Gifte die linke Körperseite, und da beobachtet man als Folge die vielen linksseitigen Raucherbeine, die Herzinfarkte oder die Schlaganfälle, Blasen und Darmstörungen sind bei Rauchern an der Tagesordnung.
Hauptsächlich ist die linke Körperseite betroffen, nicht so bei Linkshändern. Dazu sei angemerkt, dass ein linker Apoplex die rechte Seite trifft, und somit nur scheinbar dieser Regel widerspricht.
Die heute vielfach besprochene Osteoporose findet gleichfalls durch den hohen Kalk- und Eiweißverlust einen erstklassigen Nährboden.
Jährlich rechnet man in Deutschland hundertvierzig tausend Rauchertote, die zweifellos dem sozialen Netz zur Last gelegt werden.
Unsere Lebensenergie ist „minus", der Asiate spricht von YIN, das beim gesunden Menschen mit YANG in Harmonie zu sein hat.
YANG bedeutet so viel wie „plus". Der Raucher bringt dieses Gleichgewicht ins Wanken. Diese Plusüberflutung beziffert sich bei einer Zigarette auf das Neunhundertfache der normalen Lebensenergie. Bitte sehr, das kann man messen! Man kann da nur feststellen: Keine Chancen.
Das Argument mit dem hundertjährigen Großvater, der immer schon geraucht haben soll, zieht nicht, denn als der Großvater geboren wurde, hatten wir das Jahr 1905. Damals war das Rauchen einer hauchdünnen, dauernd kränkelnden Oberschicht vorbehalten.
Als Volksseuche begann das Rauchen erst so richtig nach dem Zweiten Weltkrieg.

Über fünfzig Jahre standen dem Großvater ziemlich gesunde Lebensverhältnisse für seine Basisgesundheit zur Verfügung. Praktisch hat der erst mit seinem fünfzigsten Lebensjahr, wenn überhaupt, mit dem Rauchen angefangen.

Mein Tipp: Hör noch heute zu rauchen auf

Ich weiß, wie einfach sich das anhört. Sucht ist ein Wort, das sich ableitet von Suchen.
Frage dich also, was du eigentlich suchst. Was ist überhaupt das Ziel deines Lebens?

Reifung!

Reifung ist das Ziel eines jeden Menschen. Die Entwicklung des menschlichen Charakters hat im Leben Vorrang. Das geht schon los, wenn wir in die Schule kommen und setzt sich im Berufsleben fort.
Ohne Frage laufen viele aus dem Gleis und versäumen, ihren Charakter gleichermaßen zu stärken: Willst du dich aber wirklich als charakterlos einstufen. Wenn du dereinst wiedergeboren wirst, fängst du wieder von vorne an und konfrontierst dich mit alle den Schwierigkeiten, die du jetzt nicht bewältigt hast? Na, prima Aussichten.
Ich betone noch einmal das Wort Charakter. Lass ihn dir nicht stehlen durch Hilfsmittel!
Charakter, das sei dein Zauberwort, denn willst du dir wirklich vor dem Spiegel eingestehen müssen: „Mensch, was bist du doch für ein Charakterschwein. Kannst nicht einmal so ein bisschen Rauchen aufgeben. Lässt dich beherrschen von so einem lächerlichen Glimmstängel?“
Ich schlage dir vor, einen Vertrag mit dir selbst abzuschließen, den du unterschreibst, weil es schier unmöglich ist, über die eigene Unterschrift hinweg zu springen.

Willenserklärung

vor meinem Gewissen

Hierdurch verpflichte ich mich
im Rahmen meiner biologischen Lebensweise,

das

Rauchen

aufzugeben

Mein Entschluss ist ab sofort gültig und schließt jeden Rückfall aus.

Somit verpflichte ich mich, meinen Charakter und mein Gewissen im Spiegel und in meinen Augen zu kontrollieren und den ehrlichen Willen zu bestätigen.
Ich bin mir im Klaren, dass diese Augenkontrolle nicht mehr möglich ist, wenn dieser innere Vertrag mit meinem Gewissen gebrochen worden ist.
Um mein Versagen zu vermeiden, werde ich mir - ohne Ausflüchte - die Gründe für meinen Entschluss täglich zu Gemüte führen.
Ich will mir bewusst bleiben, dass die reine Atemluft das göttlichste Geschenk der Natur an uns Menschen ist. Sie ist wichtiger als Essen und Trinken.
Diesen Vertrag schließe ich freiwillig mit meinem Unterbewusstsein und besiegele ihn feierlich bei Kerzenlicht mit meiner Unterschrift.

...., den.......................
Ort, Datum

....
Unterschrift

Schlusswort

Lieber Leser, nun hast du dich bis hier her, nicht ohne gesträubte Haare, hindurch gekämpft. Ich weiß, dass ich deine Lebensgewohnheiten stark ins Wanken gebracht habe. Aber sage doch selbst: Ist es nicht doch rechtens deinem Körper gegenüber, deine Gewohnheiten in eine biologische Richtung zu lotsen.
Gewiss mag das hier und da schwer fallen, aber könnte es sich nicht doch lohnen?
Mit medizinischen Arzneien homöopathischer Fasson habe ich versucht, dir den Weg zu ebnen. Gehen musst du ihn selbst. Das kann dir keiner abnehmen.
Vielleicht, so möchte ich hoffen, kannst du auf diese Weise auch den Anschluss an die geistige Welt finden.
Die unendliche Quelle geistiger Schwingungen steht jeden frei zur Verfügung und die Eintrittskarte hast du selbst mit der Atmung in deiner Hand.
Heilige die Atempause und du wirst erleben, dass sich ganz von selbst neue Tore öffnen.
Folge deinem Weg und du wirst Harmonie und Liebe finden.

***

Der vergessene Schritt, 258 Seiten, Hard Back

Ein sachlich gehaltenes Arbeitsbuch, das mit gut verständlichen Erklärungen und einfachen Übungen eine Anleitung zur Reinigung von Körper und Seele darstellt, den Leser in die Vorbereitungsphase zu
esoterischer Arbeit einführt und uns zwei Methoden, den Körper zu verlassen und im astralen Bereich zu wandern, lehrt.
RiWei-Verlag, Best. Nr. SA-272, € 34.00

Wunder Wirbelsäule, 31 Seiten, broschiert

Diese Broschüre befasst sich nicht nur mit örtlicher Schmerzlinderung. Chales-de Beaulieu sieht den Menschen als Gesundheitssystem. Durch gezielte Übungen können sowohl die körperliche Haltung, als auch die Einstellung zum Leben verbessert werden.
RiWei-Verlag, Best. Nr. SA-292, € 7,80

Kabbala – Zukunft in Raum und Zeit, 160 Seiten

Neue Einblicke in die Kabbalistik basierend auf der Erkenntnis eines Zusammenhangs zwischen der Kleinen und der Grossen Kabbala. Extensive Errechnungstabellen, sowie Deutungen der Zahlenkombinationen und Charakteranalysen sind inbegriffen.
RiWei-Verlag, Best. Nr. SA-296, € 19,80

Bio-Rhythmik auf kabbalistischer Basis, 112 Seiten

Neue, umfangreiche, einfach verständliche und persönliche Forschungen, die dem Leser erlauben, aktiv in sein Leben einzugreifen, Krisen zu vermeiden und die Zukunft steuernd zu gestallten.
RiWei-Verlag, Best. Nr. SA-281, € 19,80

Meine Gartengeister: Gespräche mit Naturwesen 104 Seiten

Berthold Chales-de Beaulieu widmet sich den Pflanzengeistern seines Gartens, die, stellvertretend für alle Pflanzen der Erde, Rede und Antwort stehen. Das Buch enthält eine Fülle von Zeichnungen, in denen der Autor seine Gartengeister verewigt hat.
RiWei-Verlag, Best. Nr. SA-277, € 19,80

Esophora: Anleitung zur zwischenmenschlichen Meisterschaft 112 Seiten

Ein Monolog Chales-de Beaulieus, in dem er sich mit den Alltagsproblemen seiner Schüler befasst und dadurch ein neues Weltbild im zwischenmenschlichen Bereich inspiriert.
RiWei-Verlag, Best. Nr. SA-273, € 19,80